SOUVENIRS D'UN BLESSÉ

MISS CLIFTON

OUVRAGES DE HECTOR MALOT

COLLECTION GRAND IN-18 JÉSUS

LES VICTIMES D'AMOUR : LES AMANTS, LES ÉPOUX, LES ENFANTS..	2 vol.
LES AMOURS DE JACQUES..	1 —
ROMAIN KALBRIS...	1 —
UN BEAU-FRÈRE..	1 —
MADAME OBERNIN...	1 —
UNE BONNE AFFAIRE...	1 —
UN CURÉ DE PROVINCE..	1 —
UN MIRACLE..	1 —
SOUVENIRS D'UN BLESSÉ. — SUZANNE...............................	1 —
— — MISS CLIFTON............................	1 —
LA BELLE MADAME DONIS...	1 —
CLOTILDE MARTORY..	1 —
UNE BELLE-MÈRE..	1 —
LE MARI DE CHARLOTTE...	1 —
L'HÉRITAGE D'ARTHUR...	1 —
L'AUBERGE DU MONDE : LE COLONEL CHAMBERLAIN, LA MARQUISE DE LUCILLIÈRE....	1 —
— — IDA ET CARMELITA, THÉRÈSE.	1 —
MADAME PRÉTAVOINE..	2 —
CARA...	2 —
SANS FAMILLE...	2 —
LE DOCTEUR CLAUDE..	2 —
LA BOHÊME TAPAGEUSE..	2 —
UNE FEMME D'ARGENT..	1 —
POMPON...	1 —
SÉDUCTION..	1 —
LES MILLIONS HONTEUX..	1 —
LA PETITE SŒUR...	2 —
PAULETTE..	2 —
LES BESOIGNEUX...	2 —
MARICHETTE...	2 —
MICHELINE..	1 —
LE SANG BLEU...	1 —
LE LIEUTENANT BONNET...	1 —
BACCARA...	1 —
ZYTE..	1 —
VICES FRANÇAIS...	1 —
GHISLAINE..	1 —
CONSCIENCE...	1 —
JUSTICE..	1 —
MARIAGE RICHE..	1 —
MONDAINE..	1 —
MÈRE..	1 —
ANIE,..	1 —

Mme HECTOR MALOT

FOLIE D'AMOUR...	1 —

ÉMILE COLIN. — IMPRIMERIE DE LAGNY.

1 fr. 25 le volume

ŒUVRES COMPLÈTES D'HECTOR MALOT

MISS CLIFTON

— SOUVENIRS D'UN BLESSÉ —

PARIS
LIBRAIRIE MARPON & FLAMMARION
E. FLAMMARION, SUCC^r
26, RUE RACINE, PRÈS L'ODÉON

EN VENTE A LA MÊME LIBRAIRIE

ŒUVRES COMPLÈTES D'HECTOR MALOT

à 1 fr. 25 le volume

POUR PARAITRE SUCCESSIVEMENT DANS CETTE COLLECTION

LE LIEUTENANT BONNET
Un volume.

SUZANNE
Un volume.

CLOTILDE MARTORY
Un volume.

POMPON
Un volume.

MARICHETTE
Deux volumes.

UN CURÉ DE PROVINCE
Un volume.

UN MIRACLE
Un volume.

ROMAIN KALBRIS
Un volume.

PARIS. — IMP. — C. MARPON ET E. FLAMMARION, RUE RACINE, 26.

SOUVENIRS D'UN BLESSÉ

MISS CLIFTON

PAR

HECTOR MALOT

PARIS
LIBRAIRIE MARPON ET FLAMMARION
E. FLAMMARION, SUCCʳ
26, RUE RACINE, PRÈS L'ODÉON

Tous droits réservés.

AVERTISSEMENT

M. Hector Malot qui a fait paraître, le 20 mai 1859, son premier roman « LES AMANTS », va donner en octobre prochain son soixantième volume « COMPLICES »; le moment est donc venu de réunir cette œuvre considérable en une collection complète, qui par son format, les soins de son tirage, le choix de son papier, puisse prendre place dans une bibliothèque, et par son prix modique soit accessible à toutes les bourses, même les petites.

Pendant cette période de plus de trente années, Hector Malot a touché à toutes les questions de son temps ; sans se limiter à l'avance dans un certain nombre de sujets ou de tableaux qui l'auraient borné, il a promené le miroir du romancier sur tout ce qui mérite d'être étudié, allant des petits aux grands, des heureux aux misérables, de Paris à la Province, de la France à l'Étranger, traversant tous les mondes, celui de la politique, du clergé, de l'armée, de la magistrature, de l'art, de la science, de l'industrie, méritant que le poète Théodore de Banville écrivît de lui « que ceux qui voudraient reconstituer l'histoire intime de notre époque devraient l'étudier dans son œuvre ».

Il nous a paru utile que cette œuvre étendue, qui va du plus dramatique au plus aimable, tantôt douce ou tendre, tantôt passionnée ou justiciaire, mais toujours forte, toujours sincère, soit expliquée, et qu'il lui soit même ajouté une clé quand il en est besoin. C'est pourquoi nous avons demandé à l'auteur d'écrire sur chaque roman une notice que nous placerons à la fin du volume. Quand il ne prendra pas la parole lui-même, nous remplacerons cette notice par un article critique sur le roman publié au moment où il a paru, et qui nous paraîtra caractériser le mieux le livre ou l'auteur.

Jusqu'à l'achèvement de cette collection, un volume sera mis en vente tous les mois.

L'éditeur,

E. F.

SOUVENIRS D'UN BLESSÉ

MISS CLIFTON[1]

I

A la fin d'octobre 1870, on voyageait en chemin de fer avec aussi peu de rapidité que de régularité.

Parti de Tarbes pour rejoindre à Rennes mon régiment en formation, j'avais résolu de passer par Lyon au lieu de passer par Bordeaux. La raison de ce détour était de voir un cousin que j'avais à Lyon; nous avions longtemps vécu ensemble, c'était le seul parent, le seul ami vrai qui me restât; dans le désordre d'idées où j'étais, dans l'accable-

---

1. L'épisode qui précède *Miss Clifton* a pour titre : *Suzanne*.

ment qui m'écrasait, j'avais besoin de serrer sa main : je me disais que son regard doux et loyal panserait les blessures de mon cœur.

Le voyage fut long; j'eus tout le temps de réfléchir à ma position et d'en sentir la tristesse dans son amertume.

Les grandes douleurs ont cela de bon qu'elles nous forcent à revenir sur nous-mêmes : plus le coup est fort, plus la sonde descend profondément. Ce fut mon examen de conscience net et sincère.

Je m'étais engagé par fanfaronnade et par amour, et j'avais fait la campagne impériale pour me distinguer : si je n'avais pas la chance de me signaler dans une action d'éclat, il ne m'en resterait pas moins la gloire d'avoir été à Berlin. Cela me donnerait un plumet.

Mais maintenant il n'était plus question de plumet, il n'était plus question de Berlin, il fallait se battre longuement, se battre quand même, et si l'on ne pouvait pas vaincre, sauver au moins l'honneur du pays. Je n'étais plus un engagé volontaire à peu près maître de faire ce qui lui plaisait, j'étais un soldat. Et soldat dans des conditions à ne pas me ménager : j'avais perdu ma mère; celle que j'aimais m'avait abandonné; ma maison natale était brûlée. Si, de ce qui me touchait personnellement, je passais aux affaires du pays, je trouvais que la situation était grave, mais qu'elle n'était pas désespérée ; les Prussiens étaient, il est vrai, devant Paris bloqué, mais notre armée de Metz était toujours debout, des concentrations de troupes qu'on disait considérables s'opéraient sur la Loire, et la défense commençait enfin à s'organiser en province sous l'impulsion de Gambetta.

Je lisais les proclamations de celui-ci, et il me semblait que nous avions trouvé l'homme qui était nécessaire pour sauver le pays. J'étais fâché, il est vrai, de l'entendre annoncer à la province que Paris, élargissant le cercle du blocus, avait repris victorieusement aux Allemands un certain nombre de villages de la banlieue, qui n'avaient jamais été occupés par eux. Son « pacte avec la mort » lui donnait aussi une attitude ridicule aux yeux des honnêtes gens qui font et ne disent pas. Enfin j'avais une certaine honte de voir un ministre de la guerre écrire sérieusement « qu'on fondait des projectiles avec une fureur qui tenait du vertige. » Mais je me disais, dans mon désir de confiance, que c'étaient là sans doute des taches légères, qui ne devaient pas atteindre son caractère. En réalité, il y avait un fait : après de longues semaines perdues déplorablement par deux vieillards, dans le désordre et l'inaction, il était arrivé à Tours, et, ne désespérant pas, ne s'abandonnant pas quand tout le monde perdait la tête et le cœur, il avait imprimé un mouvement puissant qui pouvait nous conduire à la délivrance. Il fallait donc l'écouter et répondre à sa voix : il en était de lui comme du trompette qui sonne la charge ; le trompette n'est rien, la charge est tout. En avant !

C'était le mot, d'ailleurs, que j'entendais dans toutes les bouches, et je ne trouvais plus les irrésolutions, les hésitations du Perche et de la Beauce ; il est vrai que je roulais sur les bords de la Garonne, et qu'avant d'arriver à Toulouse les Prussiens avaient du chemin à faire.

On se plaignait alors, dans Paris, de l'apathie de la province : « On ne fera donc rien pour venir nous donner la main ? » disaient les Parisiens assiégés. En province, on se plaignait de l'inertie de Paris : « Les Parisiens n'allongeront donc pas le bras ? » disaient les Méridionaux.

A un arrêt après Toulouse, un monsieur entra dans mon compartiment comme une bombe qui tombe du ciel : un chien qui sort de l'eau ne se donne pas plus de mouvement. Il allait, venait, étalait ses jambes sur les coussins, enfonçait son chapeau sur sa tête, le retirait, bouclait ses cheveux frisés, les ébouriffait, nouait sa cravate rose, la dénouait, sans jamais rester tranquille. Voyant que j'étais entouré de journaux, et que je les lisais avec attention, il m'interpella brusquement.

— Vous cherchez du nouveau, hein! Eh! bien vous n'en trouverez pas; vous n'en trouverez pas, c'est moi qui vous le dis et vous le répète : ils sont quatre cent mille hommes de garde nationale à Paris, cent mille mobiles, soixante mille soldats, ils n'ont pas plus de deux cent mille Prussiens autour d'eux, et ils ne bougent pas! Ah! ces Parisiens, quels blagueurs! Et ils demandent du secours à la province; mais si vous êtes aussi forts que vous le dites, c'est à vous de venir en aide à la province et non à la province d'aller à votre aide. Comprenez-vous l'argument?

— Parfaitement, monsieur.

— Ah! si Carcassonne était Paris!

— Monsieur est de Carcassonne?

— Non, je suis de Gounouzoul, maire de Gounouzoul; mais à Gounouzoul comme à Carcassonne on se remue : je n'ai que cinquante-trois gardes nationaux, mais je leur fais faire l'exercice comme s'ils étaient dix mille : la diane le matin, la retraite le soir. Je les ai organisés militairement, et c'est pour cela que j'ai accepté d'être maire, car, n'ayant pas quarante ans et n'étant pas marié, je devrais être mobilisé ; mais j'ai pensé que je pouvais rendre plus de services dans ma commune, où je suis chef, qu'à l'armée, sous les ordres d'un général incapable. La France mangera les Prussiens, c'est moi qui vous le dis ; vous vous souviendrez un jour du maire de Gounouzoul. Voyez déjà : après la prise d'Orléans, ils ont voulu passer la Loire, et ils ont été aussitôt obligés de la repasser ; c'est que ce n'est pas de ce côté-ci de la Loire comme de l'autre, vous savez, — le vent du Midi.

Ces naïves fanfaronnades furent interrompues par l'arrivée d'un nouveau voyageur. Celui-là formait un contraste parfait avec le maire de Gounouzoul : c'était le Méridional sombre et profond ; il vous regardait avec la circonspection d'un conspirateur qui se sait entouré de mouchards. A le voir tout d'abord, je crus qu'il ne desserrerait pas les dents, ce qui me contraria, car j'avais envie d'apprendre si tous les habitants de l'Aude et de l'Hérault partageaient les sentiments du maire de Gounouzoul ; mais bientôt il prit la parole, et, lorsqu'il la tint, il ne la lâcha plus.

Il avait un plan, et il allait à Tours le communiquer au gouvernement. Si on l'acceptait, la France était sauvée ; pas un Allemand ne repasserait le

Rhin. Ce plan superbe était en réalité bien simple ; il fallait sans retard détruire toutes les citadelles de la France, parce que les citadelles ne sont que des nids à capitulards ; on s'enferme derrière des murailles, le cœur s'amollit et on se rend : il ne faut opposer aux Prussiens que des poitrines d'hommes en rase campagne, parce qu'en rase campagne on a *forcément* du courage.

Comme je me permettais de douter de ce « forcément », il me ferma la bouche du regard et du geste.

— C'est la reprise du plan de Carnot amélioré par moi. En 92, Carnot a proposé de détruire toutes les citadelles, je prends son idée et je l'étends ; je suis aussi avec lui pour la distribution des piques à toute la nation ; on ne peut pas improviser les chassepots, les piques se fabriquent du jour au lendemain ; que dix millions de Français soient armés de piques, les Prussiens sont perdus. Je ne me donne pas comme un innovateur : j'ai étudié le système de Carnot, je sais comme il a organisé la victoire, je reprends ses idées, et je leur fait subir les améliorations nécessaires pour les appliquer à notre époque. Au reste, ce que j'en fais est par sentiment patriotique, je suis fabricant de drap et je n'ai ni amour-propre d'auteur, ni ambition.

Qui m'eût dit que je retrouverais un jour ce fabricant de draps, apôtre de Carnot par circonstance, à la tête d'une armée, ou tout au moins dirigeant et inspirant le général qui en avait le commandement ? il parlait avec une superbe assurance, et, comme il ne doutait de rien parce qu'il ne savait rien, on avait eu foi en lui.

Puisque le hasard me permettait de faire ainsi une sorte d'enquête sur la situation morale du pays, j'avais hâte de voir mon cousin le Lyonnais ; car c'est par ses conversations diverses, par des mots saisis au hasard, par des petits faits observés avec sincérité et sans parti pris qu'on arrive à la vérité. En campagne, depuis plus de trois mois, je ne savais rien et il me semblait qu'après l'écroulement de l'empire et nos désastres militaires, la France ne devait plus être ce qu'elle était lors de mon départ. L'apathie politique avait dû cesser, on devait penser quelque chose. Que pensait-on ? Que voulait-on ?

Je croyais trouver mon cousin disposé à la résistance ; sous l'empire je lui avais vu des sentiments de patriotisme plus ardents et plus zélés que n'en avaient généralement les gens de son monde; je m'imaginais que, dans les conditions présentes, il devait vouloir la guerre et la vouloir fermement. C'était le type du bourgeois intelligent et droit, solide dans ses convictions, ferme dans ses résolutions, toujours disposé à faire un usage utile de sa fortune; nullement passionné, il est vrai, nullement enthousiaste, croyant à l'arithmétique plus qu'à la poésie, mais l'arithmétique telle qu'il la comprenait lui avait servi à organiser sa vie de telle sorte que je n'ai jamais vu personne tenir plus que lui à ses droits et en même temps exécuter plus strictement que lui ses devoirs envers les autres.

— Non, mille fois non, me dit-il, je ne suis pas pour la guerre. La résistance de Paris n'a pu avoir qu'un but : donner le temps à la province de s'organiser. Eh bien ! ce qu'on a fait depuis deux mois, ç'a été de la désorganisation partout, et non de l'organisation. Note que je n'accuse pas précisément ceux qui nous gouvernent; ils ont trouvé une situation épouvantable, de laquelle, selon moi, il n'y avait rien à tirer. Voilà pourquoi je crois que la résistance aujourd'hui est impossible ; et je dis plus, elle est presque criminelle; car si les individus doivent être héroïques, les peuples doivent être pratiques; un individu agit pour lui, un peuple agit pour tous les êtres qui composent son universalité. Or, la seule chose pratique, quand on n'a ni soldats, ni armes, ni munitions, ni rien de rien, pas même la confiance, c'est de céder, et de céder en temps, pour ménager ses forces et pouvoir recommencer la partie aussitôt que possible.

— Tu es donc pour la guerre ?

— Crois-tu qu'après avoir été meurtri sur une joue, je vais tendre l'autre et me retirer tranquillement chez moi ? Non. La guerre est déclarée pour longtemps entre la France et la Prusse, et la paix que je désire ne serait pour moi qu'une trêve ; le temps de se préparer : je n'étais pas prêt, on m'a jeté dans une aventure folle qui est devenue une catastrophe terrible, je me retire et me prépare à recommencer. Au lieu de se résigner à ce sacrifice, on veut continuer la résistance et l'on fera tuer en détail l'armée en formation sur la Loire, et celle de Lyon, si l'on parvient jamais à en former une ici, pendant qu'on laissera ruiner la Normandie, l'Ile-de-France, l'Orléanais, la Touraine, etc. Puis, quand tout cela sera accompli, on arrivera à une capitulation, à un moment où le pays sera si bien épuisé de toutes les manières qu'il faudra attendre dix ans, quinze ans avant de se venger. Et alors, pendant ces dix ans, ces quinze ans, les haines, les justes ressentiments s'éteindront petit à petit, si bien que la vengeance, lorsqu'on la tentera, aura perdu la moitié de son énergie. Ceux qui veulent continuer la guerre aujourd'hui ont assurément le sens patriotique, mais ils n'ont pas le sens politique.

— La politique ne consiste pas à ménager seulement les intérêts d'un pays, elle doit aussi ménager ses idées, même ses préjugés; faire la paix est bien, mais il faut pouvoir la faire; quel gouvernement pourrait en ce moment imposer la paix à Paris?

— Paris n'est pas la France, et je trouve que la pression de Paris dans les conditions actuelles est déplorable. Les Parisiens, qui jusqu'à présent n'ont pas souffert de la guerre, se sont très-bravement enfermés dans leurs murailles, disposés à tout supporter, j'en suis certain, mais bien convaincus aussi en même temps qu'ils sont imprenables. C'est une affaire de privation, se disent-ils, de sacrifices; nous supporterons ces sacrifices jusqu'au bout. Je crois qu'ils le feront; mais en attendant, il n'en est pas moins vrai que jusqu'à ce jour, c'est la province qui a supporté le poids de la guerre; ce sont les mobiles venus de la province qui se sont battus dans les environs de Paris, et ce sont les mobiles de la province qui se sont fait battre dans les Vosges et dans l'Orléanais. Les Parisiens vraiment Parisiens n'ont encore donné au pays que leur ruine et leur exemple de résignation au sacrifice. Feront-ils quelque chose quand le moment sera venu ? Pousseront-ils la guerre jusqu'à faire tuer leurs enfants, jusqu'à laisser piller et brûler leurs maisons, c'est-à-dire iront-ils jusqu'au point où les provinces du Nord et de l'Ouest en sont arrivées ?

La discussion eût pu durer éternellement, mais je n'avais que quelques heures à rester à Lyon. Comme Lyon n'était pas sur mon itinéraire, mon cousin, de peur que je ne fusse arrêté en chemin, voulut me faire donner une carte de circulation qui me protégeât auprès des gendarmes, et il me conduisit à l'hôtel de la Préfecture.

Je croyais trouver la ville à peu près en révolution ; elle me parut être, au contraire, dans un calme morne et glacial : beaucoup de magasins étaient fermés, et l'on ne rencontrait que peu de passants dans les rues, mais tous ceux que l'on voyait étaient coiffés d'un képi ; les costumes variaient depuis le paletot élégant jusqu'à la blouse déguenillée ; la coiffure était la même pour tous, le képi du garde national ; les cochers conduisaient leurs chevaux le képi sur la tête et les commissionnaires vous faisaient le salut militaire.

Mon cousin avait des relations à la préfecture, qui nous permirent de pénétrer jusqu'au cabinet d'un chef de service. Et ce n'était point, en réalité, chose facile, car la préfecture était occupée par une garde nombreuse, qui paraissait avoir mission d'empêcher d'entrer aussi bien que d'empêcher de sortir.

Lorsque nous arrivâmes auprès du chef de service, nous le trouvâmes en conférence avec un petit homme, maigre, crasseux, à l'air cuistre et plat :

—Je vous répète, disait le petit homme en assurant ses lunettes sur son nez, que le receveur général se sauvera un jour ou l'autre avec la caisse ; il faudrait prendre les devants et l'arrêter ; c'est un bonapartiste : une perquisition sévère dans sa caisse et ses papiers serait une bonne affaire. Je vous préviens encore qu'on devrait arrêter aussi le commissaire spécial des chemins de fer; il était bonapartiste, il doit être maintenant orléaniste.

— Cela ne me regarde pas; parlez-en au préfet.

— Le préfet ne m'écoute pas ; tandis que si vous prépariez le terrain par quelques mots, j'arriverais plus facilement. Ce serait un grand service rendu à *la cause*.

N'ayant plus personne à dénoncer, cet aimable mouchard se dirigea vers la porte, mais avant de partir il enleva le parapluie que mon cousin avait déposé dans un coin, laissant dans le coin opposé une affreuse guenille. Il fallut courir après lui, et presque se fâcher pour lui faire reprendre sa guenille : il ne savait pas ; on lui avait prêté un parapluie ; il ne l'avait pas regardé, mais il était bien certain qu'il devait être bon.

— Ce mouchard amateur, me dit mon cousin, qui fait avec un égal succès la délation et le parapluie, est une des puissances de la ville ; il dénonce aujourd'hui, mais il espère bien exécuter demain ; et il est certain qu'alors il commencera par ceux qui ne veulent pas l'écouter aujourd'hui.

Le passeport que l'on me donna était une carte de circulation délivrée au nom de la commune de Lyon, par le comité de salut public.

La vaste gare de Perrache présentait un aspect caractéristique, lamentable et touchant. Dans un coin, un tonneau était en perce, et le long des murs des tables étaient dressées, les unes chargées de saucissons, les autres de pain, de fromage, de viandes froides. Devant ce buffet, ouvert gratis pour les soldats de passage, se promenait un garde national, le fusil au bras, qui avait pour consigne d'empêcher qu'on revînt plusieurs fois au tonneau. Mais on le trompait à qui mieux mieux au moyen de déguisements ; le zouave qui était venu une première fois avec son uniforme correct, revenait une seconde après avec la capote d'un lignard, le chasseur à pied avec le manteau d'un cavalier. Au milieu de la foule, des dames allaient et venaient portant une médaille au cou, et à la main un plateau : elles quêtaient pour les blessés.

Et les offrandes tombaient, sinon grosses, au moins abondantes, car les cœurs les moins tendres étaient attendris par la vue des blessés qui attendaient les trains. Ils sortaient des hôpitaux et ils regagnaient leurs villages, d'où ils étaient partis quelques mois auparavant forts, vaillants, et où ils rentraient éclopés et estropiés : jambes coupées, bras amputés, balafres au visage, il y avait là tous les genres de blessures. Et malgré le poignant de leur aspect immédiat, l'esprit les accompagnait au retour chez eux.

Qu'allaient-ils trouver ? Qu'allaient-ils faire dans la misère où l'on entrait ? Comment les accueilleraient celles qui les attendaient ? Et ceux qui tomberaient dans des villages détruits, où iraient-ils ?

Parmi ces malheureux, il y avait un dragon

qui s'exerçait à marcher avec une belle jambe de bois toute neuve ; autour de lui les autres éclopés riaient de sa maladresse, et il répondait en plaisantant leurs balafres. Dans cette désolation il y avait encore place pour rire.

Avant de prendre un billet, il fallait lire les nombreuses affiches manuscrites collées sur les murailles, car les services étaient partout désorganisés, dans l'est et dans le nord ; sur la ligne de la Bourgogne, les trains ne dépassaient pas Dijon ; sur le Bourbonnais, ils s'arrêtaient à Gien. Et en lisant les affiches qui n'avaient pas été arrachées, on pouvait suivre, jour par jour, la marche de l'invasion prussienne, par le nombre des stations ouvertes qui diminuait, diminuait.

Au moment où je prenais mon billet, je m'entendis appeler par mon nom. Je me retournai vivement : c'était une femme que j'avais connue autrefois dans le monde, ou plus justement dans le demi-monde parisien, où elle était célèbre sous le nom de la baronne de Suippe ; c'était une intrigante qui avait des relations un peu partout, de très-hautes et de très-basses ; elle avait fait des affaires de toutes sortes, et elle avait été employée par des personnages qui, bien que sans scrupules, ne voulaient pas se salir les mains personnellement.

— Où allez-vous ?

En deux mots je lui dis que j'allais rejoindre mon régiment.

— Ah ! Vous êtes dans la cavalerie. Est-ce que vous parlez toujours anglais ?

— Assurément.

— Hé bien, si vous voulez, votre fortune est faite, et une belle fortune.

— Ah bah !

— Montez avec moi, je vais vous expliquer de quoi il s'agit.

II

J'étais curieux de savoir dans quelle affaire la baronne de Suippe voulait m'engager. D'après ce que je connaissais de ses relations anciennes et de son caractère d'aventurière, tout était possible : une conspiration, un espionnage, rien ne m'étonnerait d'elle. Il lui fallait quelqu'un parlant anglais, voilà pourquoi elle avait jeté les yeux sur moi. C'était vraiment bien de l'honneur qu'elle me faisait. Mais je ne devais pas me fâcher.

Jugeant les autres d'après elle-même et aussi d'après les exemples qui lui étaient restés dans la mémoire, elle ne voyait en tout que des affaires, et pour elles les affaires se divisaient en deux classes : les bonnes, celles qui faisaient gagner de l'argent ; les mauvaises, celles qui en faisaient perdre. Il n'y avait rien au delà, au-dessus ou à côté de cette division. Pour le moment, elle en tenait une qu'elle regardait comme bonne, probablement, elle voulait m'y associer, c'eût été de la niaiserie à moi de me fâcher : c'est le caractère des gens qui caractérise leurs propositions : le filou qui vous propose une filouterie se condamne lui-même bien plus qu'il ne vous insulte.

A l'idée que j'allais être initié à une conspiration, ou bien embauché pour le compte des Prussiens, j'avais envie de sourire. Il fallait voir ça.

J'avais le temps de me livrer à ses suppositions, car, au moment du départ, un voyageur était monté dans notre compartiment, et il était tout naturel que la baronne ne me fît pas ses confidences devant lui.

Cependant elle ne se gênait pas pour parler, mais seulement de choses insignifiantes : de ses relations d'autrefois, du grand monde où elle avait vécu, des services qu'elle avait rendus ; et, à chaque instant, des noms connus arrivaient sur ses lèvres dans une confusion fâcheuse pour quelques-uns de ces noms. Notre compagnon de voyage ouvrait les yeux et les oreilles, convaincu assurément qu'il avait devant lui un personnage. Il nous quitta à l'Arbresle. Alors la baronne put entamer sa négociation.

— Vous m'avez dit que vous étiez soldat?

— Je rejoins mon régiment, ni plus ni moins qu'un conscrit.

— Ça ne vous amuse pas, hein! vous êtes un homme du monde, distingué, élégant?

— Pour ça, baronne, il y a eu aussi une révolution.

— Les révolutions on les subit, mais quand on peut leur échapper, on leur échappe, n'est-ce pas? Donc je peux vous empêcher de rejoindre votre régiment si vous acceptez ce que j'ai à vous proposer.

— Et comment ça, je vous prie? Je n'ai pas envie de déserter, je vous préviens; vous savez, j'ai toujours été un peu bêta, et je n'ai jamais pu perdre un tas de préjugés qui m'ont nui dans le monde, et, je le crains bien, dans votre estime aussi. Mais enfin, on n'est pas parfait; élevé en province, je suis resté provincial pour certaines choses.

— Qui vous parle de déserter? Je vous demande au ministère de la guerre, et l'on vous détache de votre régiment pour vous attacher à mon service.

— Ah çà! vous avez donc levé un régiment, baronne?

— Ne dites pas de sottises.

— En tous cas, vous êtes au service du gouvernement?

— Parbleu!

— Et duquel?

— Comment! duquel? mais, mon cher, il n'y a jamais qu'un gouvernement, c'est celui qui fonctionne et tient la queue de la poêle.

— Alors je suis attaché à votre service; et qu'est-ce que je dois faire, je vous prie? galoper dans votre escorte, monter la garde à votre porte? Pour cela, je vous préviens, je suis bavard comme une pie; je raconterai toutes les visites que vous recevez, l'heure des entrées, celles des sorties; seulement, comme je ne suis pas plus maladroit qu'un autre, je pourrais peut-être éviter des rencontres: la voie est fermée, la voie est ouverte; c'est une simple manœuvre d'aiguilleur.

— Voulez-vous être sérieux et écouter sérieusement une affaire sérieuse? Je vous ai dit qu'il s'agissait de votre fortune.

— Alors, c'est sacré; je vous écoute religieusement; comme vous avez dans le temps contribué à l'écorner...

— En vous obligeant...

— À 40 pour cent sans la commission, je ne l'ai pas oublié ; vous voulez donc aujourd'hui réparer les brèches que vous avez aidé autrefois à ouvrir ; je vous remercie et crois que c'est le ciel qui vous inspire cette idée réparatrice. Allez donc.

— Peu de temps après la déclaration de guerre à la Prusse, j'ai rendu au gouvernement le service de lui procurer 25,000 fusils chassepot et dix millions de cartouches. Quand je dis que je les lui ai procurés, cela n'est pas tout à fait exact, et même il n'a jamais reçu ni un fusil ni une cartouche ; mais c'est sa faute ; s'il ne s'était pas laissé renverser maladroitement, il aurait reçu plus tard tous ses fusils et toutes ses cartouches.

— Vous ne m'aviez jamais dit que vous aviez une fabrique de fusils et de cartouches.

— Me prenez-vous pour une boutiquière ? J'avais des relations qui me permettaient de m'engager pour une fourniture, voilà tout, et c'est bien simple. Le gouvernement tombé, je m'adressai naturellement à celui qui le remplaçait.

— Et naturellement il vous remercia.

— Il m'accueillit avec reconnaissance. Je n'avais pas exécuté mon premier marché, c'était vrai, mais la faute retombait sur les circonstances. Je conclus un nouveau marché pour 30,000 snyders et 51 millions de cartouches, 4,000 selles de cavalerie, 2,000 jeux de harnais et une fourniture considérable de biscuit.

— Je vous assure, baronne, que je vous écoute avec tout le sérieux dont je suis capable, mais je vous avoue que je ne vous comprends pas. Ainsi vous faites un premier marché que vous n'exécutez pas, et cela n'empêche pas qu'on en signe avec vous quatre ou cinq autres ; avec vous qui n'avez ni fusils, ni cartouches, ni selles, ni harnais, ni biscuits?

— J'ai des relations.

— Ce n'est pas avec vos relations que vous tremperez la soupe au soldat, ou que vous démolirez les escadrons prussiens. Pourquoi, au lieu de s'adresser à ceux qui ont des armes, des harnais et des biscuits, s'adresse-t-on à vous, qui n'avez rien de tout cela ? Vous les paye-t-on moins cher?

— J'ai des marchés à 160 francs pour le mille de cartouches que la commission d'armement paie 60.

— Livrez-vous plus vite que la commission d'armement ?

— Je n'ai encore rien livré.

— Alors je comprends de moins en moins, et vous allez m'obliger à vous poser des questions malhonnêtes pour une femme.

— La femme n'a rien à voir dans tout cela ; je suis un négociant, je ne suis pas une femme. J'ai traité avec l'ancien gouvernement, je traite avec le nouveau, attendu que, plus ça change, plus c'est la même chose ; les ministres s'en vont, les bureaux restent. Je suis connue, recommandée par mes relations. Et vous devez comprendre que l'on aime mieux traiter avec certaines personnes dont on connaît le caractère et avec lesquelles on est certain de s'entendre, qu'avec d'autres.

— C'est une affaire de réputation.

— Et de loyauté dans les engagements. On ne peut pas se risquer avec tout le monde. Avec moi, on sait trouver des garanties que d'autres n'offrent pas.

— Encore une question, baronne, et c'est la dernière : bien que vous n'ayez encore rien livré, vous avez dû faire des commandes considérables et cela a dû vous entraîner dans des avances énormes. Vous êtes donc devenue bien riche tout à coup ?

— Hélas ! non, mais le gouvernement m'a avancé quelques millions, et vous pouvez vous engager avec moi sans crainte.

— Mais, baronne, je ne suis ni armurier, ni sellier, ni boulanger.

— Vous vous connaissez en selles et en harnais.

— A peu près.

— Vous ne vous perdez pas dans les reculements, dans les avaloires et autres machines de ce genre. Vous parlez anglais ; vous êtes mon homme.

— Pour les avaloires? Quelle chute, baronne! figurez-vous que je m'étais imaginé que vous vouliez me fourrer dans quelque bonne petite conspiration.

— Pour qui me prenez-vous ? Je veux vous envoyer en Angleterre, où j'ai traité avec les fabricants pour mes fournitures. J'ai là-bas pour surveillant un officier avec lequel je ne peux pas m'entendre; il veut surveiller, ce qui est matériellement impossible; il me refuse des selles, des cartouches avec un tas de mots de métier auxquels je n'entends rien; vous discuterez avec lui, vous le collerez, ou tout au moins vous l'entortillerez de manière à le rebuter. D'un autre côté, vous surveillerez mes fabricants.

— Si votre officier ne peut pas surveiller, comment voulez-vous que je le puisse, moi ?

— Parce qu'il veut faire porter sa surveillance sur la qualité de la fabrication, dont je n'ai pas souci; tandis que la vôtre devra porter sur la rapidité, qui est le point essentiel.

— Dites donc, baronne, c'est un marché de Cartouche que vous me proposez là, tout simplement.

Elle me regarda assez longtemps sans comprendre; puis, à la fin, ayant deviné, elle se mit à rire aux éclats.

— Vous gagnerez de beaux bénéfices et vous ne vous ferez pas tuer.

— On s'expose à la mort pour éviter moins que ce que vous me proposez. Je ne vous en veux pas, mais plus un mot; je vous l'ai dit, je suis de la province.

Elle voulut insister. Je lui fermai nettement la bouche, et, quand nous nous quittâmes à Saint-Germain-les-Fossés, elle eut autant de satisfaction d'être débarrassée de moi que j'en éprouvai à ne plus voir sa figure souriante et engageante.

J'avais jusque-là voyagé en première classe; mais c'est en chemin de fer une mauvaise place pour voir et entendre : on ne s'y livre pas comme en troisième, où l'intimité s'établit tout de suite et où chacun cause assez volontiers et assez franchement de ses affaires, pour le plaisir de tuer le temps en bavardant. D'ailleurs, je commençais à en avoir assez des voyageurs de la première catégorie, et j'étais bien aise d'entendre un peu ceux de la troisième, surtout les soldats, pour continuer mes observations. A Saint-Germain, je montai donc dans un wagon de troisième classe, où j'avais vu plusieurs soldats.

Le hasard m'avait servi à souhait ; on y causait librement et franchement.

Un petit lignard se lamentait de la lenteur du train ; la veille, il était descendu à Saint-Rambert pour embrasser ses parents au passage, et il avait peur de ne plus retrouver son régiment qui, du Var, était dirigé à marche rapide sur le Mans, ou tout au moins d'arriver trop tard pour la bataille qu'on disait prochaine.

— C'est par rage que je me suis engagé, disait-il, je n'ai pas dix-huit ans ; mon frère aîné a été tué à Wissembourg, mon troisième frère à Sedan. Il faut que je tue deux Prussiens. Ils ne voulaient pas me laisser partir à la maison, mais quand ils ont compris que j'avais réglé ça, ils ont dit que c'était juste. Mes deux Prussiens, c'est mon compte.

Et à la façon énergique dont il disait : « C'est réglé ! » on sentait qu'il se battrait bien ; il avait l'enthousiasme, l'ignorance, la foi de la jeunesse.

A côté de lui un marin d'une trentaine d'années avait aussi laissé partir son bataillon. Venant de Toulon et passant par Lyon, il avait voulu aller à Saint-Étienne embrasser sa femme et sa petite fille ;

et, comme l'habitude de traîner était aussi forte sous la république qu'elle l'avait été sous l'empire, il avait quitté ses camarades à Perrache, et maintenant il les rejoignait sans trop savoir où il devait les chercher : quelque part sans doute, du côté d'Orléans, de Tours ou du Mans ; à Tours, on le renseignerait.

— J'avais fait mon temps dans la marine, disait-il, comme mécanicien, et j'étais rentré chez nous à Saint-Étienne, où je m'étais marié. Je commençais à gagner de l'argent un peu, et ce n'était pas trop tôt à trente ans. Quand ça a été mal on m'a rappelé. Il faut partir. C'est dur : quitter sa femme, son enfant, sa boutique ; mais après tout c'est juste, il faut faire son devoir et on le fera. Seulement, si là-bas ils trouvent que j'arrive trop en retard, qu'ils me donnent un coup de pied quelque part et me renvoient à la maison, je leur tirerai mon chapeau en leur disant : « Merci. »

Celui-là aussi se ferait tuer s'il le fallait, sans enthousiasme, sans rage, mais simplement « parce qu'il le faudrait. »

— Ils vont voir les marins, disait-il, et nos petits chassepots.

A Moulins, un grand garçon monta dans notre wagon ; il était vêtu d'une blouse bleue trop courte et d'un immense chapeau blanc à haute forme, « le beau Nicolas. »

— Où va-t-il celui-là, avec son bolivar? cria le marin.

— Je vais où ça ne m'amuse pas d'aller, au dépôt d'un régiment de train.

— Regardez donc ce grand gas qui va dans le train.

— Tais-toi donc, matelot. Quand tu en auras fait autant que moi, tu pourras parler. J'ai été à Sedan, moi que voilà.

Il nous regarda pour voir l'effet qu'il produisait.

— J'ai été à Sedan et je me suis sauvé à travers la Belgique. Rentré chez nous, je croyais qu'ils allaient me laisser tranquille. J'en avais assez de la guerre, mais les mâtins sont venus me chercher pour m'y renvoyer. Alors, comme mon régiment des guides est tout entier prisonnier, ils m'ont demandé si je voulais être incorporé dans les dragons. Ah! bien oui, les dragons! faire des reconnaissances, toujours à cheval, en plein hiver, merci bien. J'ai choisi le train, moi pas bête. Parce que c'est le train qui conduit la nourriture, et que dans le train on ne se bat pas. Se battre, il n'en faut plus, j'en ai assez. Être commandé par des noceurs, des propres à rien, en avant les jours de revue, nulle part à la bataille ; je les connais, j'ai fait deux congés.

Et comme le matelot se révoltait :

— Vas-y, matelot, puisque ça t'amuse ; seulement, si tu trouves un vieux soldat pour te suivre, tu viendras me le dire.

J'avais près de moi un vieil artilleur ne disant rien et fumant sa pipe qui n'éteignait pas.

— Voilà les mauvais soldats qui nous ont fait bien du mal, me dit-il à mi-voix; ils avaient pris des habitudes de paresse ; ils ne servaient que pour la paye. Du jour où il a fallu se battre, ça n'a plus été.

Ce vieil artilleur, qui avait au moins cinquante ans, était un ngagé volontaire. Au moment où la guerre avait éclaté, il était appareilleur de pierres en Espagne ; quand il avait vu les affaires mal tourner, il avait voulu reprendre sa place dans l'artillerie de marine où il avait servi autrefois, « parce que ça lui faisait deuil d'être à l'étranger quand on se battait en France. » On l'avait envoyé à Lyon, où il avait été chagrin d'aller « de cœur d'être obligé de tirer sur des Français ; » mais maintenant qu'il marchait contre les Prussiens le cœur lui était revenu.

Décidément, il y avait encore du courage et de la résignation, on ne s'abandonnait pas. Autant mon voyage de Tarbes à Lyon m'avait inquiété et troublé, autant les quelques heures que je passai dans ce wagon me reconfortèrent. Les paysans aussi, qui montaient et descendaient çà et là, ne paraissaient pas découragés : ils donnaient des poignées de mains aux soldats et leur adressaient de bons souhaits en les quittant.

— Ça ira, disait le matelot, ils n'ont pas encore vu les marins.

Nous avancions avec une lenteur de tortue; restant dans les gares, ne marchant pas quand nous étions en route. Ces gares étaient encombrées de wagons refoulés par l'invasion et qui pourrissaient inoccupés sur les voies de garages; il y avait des wagons à marchandise, des wagons à voyageurs, et les noms qu'on lisait sur les caisses jetaient l'esprit dans les réflexions les plus tristes; des waggons de Vincennes et de Givet emportés dans la Nièvre et dans l'Allier.

A Vierzon, le service des voyageurs était interrompu : la ligne était réservée aux troupes qu'on transportait de la rive gauche sur la rive droite de la Loire. Pour continuer mon voyage, il me fallait redescendre jusqu'à Saint-Sulpice-Laurière et gagner la ligne de Bordeaux. Le commandant d'un bataillon de marche vint à mon aide, et quand je lui eus expliqué que je voulais rejoindre mon régiment au plus tôt, il m'admit parmi ses hommes, et je pris place dans un wagon de bestiaux approprié, avec des planches formant bancs, au transport des hommes.

On partit à dix heures du soir, et, comme les Prussiens, signalés à Salbris, pouvaient attaquer notre convoi, on ordonna aux hommes de garder le sac au dos et le fusil entre les jambes. La première chose qu'on fit fut de mettre sacs et fusils sous les bancs.

Naturellement, cette rencontre possible avec l'ennemi fournit le sujet de toutes les conversations.

— Taisez-vous, chair à saucisse! dit un vieil engagé volontaire, véritable type du rôdeur de barrières; assez de vanteries comme ça; au premier coup de fusil, vous allez tous décamper.

— Après vous, vieux noceur.

Un sergent m'avait fait l'honneur de me prendre sous sa protection.

— Voilà de beaux garçons pour aller au feu! me dit-il; des conscrits qui, il y a quinze jours, étaient encore dans leurs montagnes; on nous les a amenés à Chambéry, on leur a mis une culotte rouge et une capote grise sur le dos et voilà des soldats de ligne ; c'est un bataillon. Ils ont 90 cartouches, mais ils ne savent seulement pas si on les charge par la gueule ou par la culasse. Ceux qui ne sont pas des conscrits sont des engagés volontaires, et il y en a un bon nombre qui, expulsés des villes comme vagabonds, se sont réfugiés dans les régiments pour ne pas crever de faim. Il faudra voir tout ça au premier coup de fusil ; heureusement le commandant est un brave ; il a eu l'épaule traversée par une balle à Sedan, et le voilà revenu avant d'être guéri.

Toute la nuit les conversations ont roulé sur la question de savoir si on tiendrait ou si l'on se sauverait. Un groupe de conscrits du même village, entassés ensemble dans un coin du waggon, chantaient sans repos des chansons savoyardes sur un air lent et plaintif qui attendrissait le cœur, bien qu'on ne comprît pas les paroles. Dans un coin opposé, un faubourien du faubourg Saint-Antoine criait d'une voix grasse à tous les arrêts du train : « Bel-Air, Saint-Mandé, Vincennes. » Il riait alors aux éclats, quoique personne ne lui répondît.

Le sergent voulut le faire taire ; il répondit par une grossièreté que le sergent feignit de ne pas entendre.

On arriva à Saint-Pierre-des-Corps le matin seulement ; il y avait là dix ou douze trains de vingt-cinq voitures entassés sur toutes les voies.

Les commandants descendaient de wagon, interrogeaient les officiers d'état-major qui circulaient çà et là, demandant où on les dirigeait, ce qu'on voulait faire d'eux, et les officiers d'état-major levaient les bras d'un air désespéré, accablés sans doute par cette avalanche de waggons et de locomotives qu'ils n'avaient pas prévue.

Ma'gré les ordres et les jurons, les soldats descendaient de voiture et se répandaient dans les champs. Ne voulant pas être emporté à Blois ou à Vendôme, je quittai mon bataillon de marche et sautant par-dessus les haies, je me dirigeai vers les clochers de Tours, qui se découpaient en noir sur le ciel pâle du matin.

III

Depuis que je lisais les journaux, je ne voyais partout que le nom de Tours : correspondance de Tours, dépêches de Tours. Tours avait remplacé Paris.

Mais c'était là un mirage de journalisme, analogue à peu près à celui qui fait croire aux étrangers que les Folies ou Bataclan sont des théâtres parisiens. — Tours n'était qu'un théâtre *carton* sur lequel une troupe de *fer-blanc* jouait la comédie gouvernementale ; les Tourangeaux ne croyaient pas à leur ville capitale ; pour eux ils avaient une troupe en représentation, laquelle troupe faisait beaucoup de tapage, voilà tout.

Le Tourangeau ne se laisse pas facilement éblouir, il est gouailleur et frondeur ; quand il voyait M. Glais-Bizoin courir de l'archevêché au télégraphe, rasant les murailles, trottinant de côté et rassurant d'un geste nerveux son chapeau blanc ébouriffé, il ne voulait pas croire que c'était « le gouvernement. » De même quand il voyait des francs-tireurs venir chaque matin sur le Mail ou le boulevard Béranger faire l'exercice pendant une heure, s'en aller ensuite passer le reste de la journée dans les cabarets, et revenir le lendemain recommencer cet exercice qui ne finissait jamais, il ne voulait pas croire que « c'était l'armée. »

Pour les hôteliers, les cafetiers et les armuriers accablés de travail, pour les tailleurs et les chemisiers chargés de cacher le débraillé de quelques nouveaux venus, pour les imprimeurs enlevés d'assaut par les journaux de Paris, Tours avait pris une importance imprévue ; mais pour les autres habitants, surtout pour ceux qui n'avaient pas leurs maisons dans la rue Royale, Tours n'était rien de plus que la capitale de la Touraine, — c'est-à-dire une honnête ville de province ; s'il y avait plus de bruit qu'à l'ordinaire, c'est qu'on était au moment de la foire d'octobre, ça ne durerait pas.

Le calme était sensible dans les faubourgs : on s'y croyait en pleine paix, à mille lieues des Prussiens et de la guerre. Quand je traversai le village de Saint-Pierre-des-Corps, on se mit sur les portes pour me voir passer, et les dévotes qui entraient à la première messe se retournèrent de mon côté. Un voyageur, un étranger, est une curiosité. Les laitières vont de porte en porte : on cause, on rit, c'est le pays de Cocagne.

J'entrai à Tours en passant sur le canal du Cher, et, par le Mail, je me dirigeai vers la gare. Si grande que fût mon envie de voir la ville, je n'avais pas de temps à perdre ; on pouvait se battre d'un moment à l'autre, il me fallait rejoindre mon régiment à Rennes.

— Les trains pour le Mans sont suspendus, me dit un employé à jambe de bois.

— Quand reprendront-ils ?

— On ne sait pas.

— Il y a trois jours que j'attends, me dit un convalescent couché sur un banc et qui a entendu mes questions.

La fièvre le fait trembler ; mais il ne veut pas aller à l'hôpital, de peur qu'on l'y garde de nouveau. Il en a assez. Puisqu'il a un congé, il a hâte de rentrer chez lui, « parce qu'on s'est battu par là. » Par là, c'est à Mézières, près Mantes. Il demande si on a entendu parler de ce combat. Comment lui dire que son village est brûlé, et qu'en y arrivant, si jamais il y arrive, il n'y trouvera que des ruines?

Ne pouvant pas aller à Rennes par le Mans, je veux y aller par Nantes et Redon; mais il n'y aura de trains pour Nantes que dans trois heures; j'ai tout le temps de parcourir la ville et de déjeuner.

On commence à s'éveiller, et quelques gardes nationaux arrivent sur le Mail pour faire l'exercice. Des gamins passent en criant des journaux: le *Moniteur*, la *France*, le *Constitutionnel*, la *Gazette de France*, l'*Union*, qui s'impriment à Tours, le *Siècle* qui arrive de Poitiers.

Que disent les journaux du samedi 29 octobre 1870 ?

« Les nouvelles de Metz arrivées à Tours portent que la garnison a fait une sortie; l'engagement a duré cinq heures; les pertes des Prussiens ont été considérables. — Les Prussiens, sortis de Gisors et ayant attaqué le village de Longchamps, ont été repoussés. — Un engagement a eu lieu à Formeries, dans l'Oise; les Prussiens ont été vigoureusement repoussés. — M. Thiers a reçu le sauf-conduit qui avait été demandé pour lui; il se rend à Paris. — Le gouvernement a décidé de ne souscrire à aucune condition d'armistice qui pût impliquer l'admission d'une cession territoriale quelconque.»

Ainsi, la situation n'est pas si mauvaise que les pessimistes voudraient le dire : Bazaine tient solidement, malgré les craintes de mon paysan lorrain, et partout on résiste aux Prussiens, partout ils sont vigoureusement repoussés. En même temps qu'on organise la défense, on tâche de conclure un armistice avec l'ennemi, de manière à consulter le pays sur la question de savoir s'il veut continuer la guerre ou faire la paix. Tout cela est d'un gouvernement habile et sage et non de brouillons et d'ambitieux qui voudraient prolonger la résistance pour prolonger d'autant la durée de leur dictature.

Je marchais raisonnant ainsi et cherchant la confirmation de mes espérances, quand, devant la porte de l'hôtel de l'Univers, j'aperçus un officier qui me parut ressembler à mon ami Homicourt. Bien que ce fût la taille, la tournure, l'attitude d'Homicourt, ce ne pouvait être lui, car son costume était celui d'un officier de cavalerie, et Homicourt était dans l'infanterie. Cependant, comme la chose valait la peine d'être éclaircie, je m'approchai. Au même instant, l'officier de cavalerie se tourna de mon côté : c'était Homicourt.

— Toi !

Il me sauta au cou et m'embrassa.

— Tu n'es pas fusillé?

— Et toi?

— Mais puisque tu t'es dévoué pour que je me sauve, je me suis sauvé.

— Et le drapeau?

— Le drapeau avec moi, parbleu; mais ce n'est pas de moi, ce n'est pas du drapeau qu'il s'agit, c'est de toi; depuis Givonne, j'entends toujours le *Werda* de mes Prussiens et ton « sauve-toi, je vais répondre. » Qu'est-ce que tu as répondu?

— Rien. Ils m'ont pris et conduit au poste.

Alors je lui racontai comment j'avais été réuni aux prisonniers de la presqu'île d'Iges, et de là conduit à Pont-à-Mousson pour être emmené en Allemagne; comment je m'étais échappé à Neunkirchen; enfin comment, après la mort de ma mère et l'accueil de Suzanne, j'allais à Rennes rejoindre mon régiment.

— A Rennes, toi! ah non, je te garde.

— Et pourquoi faire?

— Pour te prendre dans mes éclaireurs : je commande une compagnie d'éclaireurs à cheval formée et organisée par moi, dans laquelle je n'admets que des gaillards solides, adroits et résolus. Tu as ces qualités, je ne te lâche pas.

— Et mon régiment?

— Je me charge de cela; nous sommes à un moment où les règlements n'existent plus. Il ne me sera pas plus difficile de te prendre aux dragons qu'il ne me l'a été de passer de l'infanterie dans la cavalerie; c'est une affaire des bureaux de la guerre, et je vais te faire donner une commission timbrée. Veux-tu être maréchal-des-logis? Je n'ai que ce seul grade à t'offrir, et franchement à Givonne et avec ton gendarme, tu l'as bien gagné. Seulement, avant que tu me répondes, je dois te prévenir que nous ne menons pas une vie de chanoines : toujours à cheval, à cinq et dix lieues en avant de l'armée, sans appui possible, sans autres rations que celles que nous trouvons nous-mêmes; pas de tentes, pas de cantines, pas de paquetage, nuit et jour en contact avec MM. les uhlans, les chevau-légers, les cuirassiers blancs, les hussards rouges, sans compter que nos manteaux d'artilleurs nous donnant quelque ressemblance avec les Prussiens, nous attrapons de temps en temps un coup de fusil de nos francs-tireurs.

— Tu me décides; seulement je ne veux pas de grade.

— Parce que?

— Pour deux raisons : la première je ne l'ai pas

gagné; la seconde tu es mon ami. Je n'aime pas la faveur, et encore moins ce qui ressemble à la faveur.

— Allons! c'est entendu, nous irons tout à l'heure à la préfecture, et demain nous partirons pour Blois, où sont les éclaireurs; car de la rive droite nous passons sur la rive gauche de la Loire. L'armée se concentre entre Vendôme, Blois et Beaugency, on nous envoie dans la Sologne observer les Prussiens, et, si c'est possible, tâter Orléans. Je crois que, pour ton début, tu n'auras pas à te plaindre.

J'avais hâte de savoir comment Homicourt, que j'avais laissé dans les bois de Sedan, au milieu des patrouilles prussiennes, se retrouvait à Tours capitaine d'une compagnie d'éclaireurs à cheval.

— Tu m'avais crié : Sauve-toi, me dit-il; j'ai commencé par me coucher à terre et faire le mort, ce qui n'était pas difficile, car j'avais des modèles autour de moi, je restai immobile et roide comme les cadavres qui m'entouraient. Au moment où les deux soldats montés sur un talus avaient tiré, un homme s'était levé presque dans mes jambes et s'était enfui (un maraudeur sans doute, qui dépouillait les morts), et les soldats s'étaient mis à sa poursuite. Ce fut ce qui me sauva. Ils me laissèrent parmi les cadavres pour courir après le maraudeur. Je restai là deux heures au moins, et je t'assure que le temps me parut long; pour mon compte, j'aime mieux le champ de bataille pendant la bataille qu'après, et j'aime mieux le bruit des balles et des obus me sifflant aux oreilles que le silence de la mort me pesant sur le cœur. Enfin je me relevai et me décidai à traverser ce diable de ravin où tu avais été si malheureusement pris. En descendant le talus, je t'assure que je pensais à toi, me disant que tu devais être fusillé. Remonté de l'autre côté, je marchais en rampant, me cachant derrière les buissons, me dissimulant derrière les chevaux morts, jusqu'au bois sur lequel nous nous dirigions quand tu avais été arrêté. Arrivé dans le bois, ma marche fut plus facile; la direction cependant était embarrassante. Enfin j'allai toujours droit devant moi, avec précaution, l'oreille ouverte, m'arrêtant et me couchant derrière les arbres quand j'entendais du bruit. Plusieurs fois je rencontrai des patrouilles prussiennes, mais elles ne m'aperçurent point. Vers le matin, je pus franchir la frontière, et bientôt je fus à Bouillon, où je t'attendis pendant trois jours, ainsi que nous en étions convenus. Mais quelles chances pouvais-tu avoir? Si tu n'étais fusillé, tu étais au moins prisonnier. Après ces trois jours, je pris le chemin de fer pour rentrer à Paris, où j'arrivai heureusement. Un drapeau sauvé à Sedan! tu penses si ce fut un triomphe; tu en as eu ta part. Sais-tu que pendant huit jours tu as été célèbre?

— Ma foi non, et pendant que j'étais célèbre à Paris en effigie, j'étais en réalité meurtri et écrasé par les Prussiens; la gloire pour ma réputation, l'hôpital pour ma peau.

— De Paris j'allai en province. Il fallait continuer la guerre. Comment et avec quoi? L'armée régulière n'existait plus. Je crus que je pourrais rendre des services avec un corps franc qui harcèlerait l'ennemi. J'obtins l'autorisation d'en former un, et depuis la fin de septembre je galope à travers la Beauce, aujourd'hui ici, demain là, trompant les Prussiens sur notre nombre. Et nous ne faisons pas une besogne inutile, je t'assure, car nos généraux, comme tu peux le penser, n'ont pas changé de méthode : Wissembourg, Wœrth, Sedan, ne leur ont rien appris. On se bat toujours au hasard, droit devant soi, s'en rapportant au courage des soldats pour terminer l'action. Ainsi à Arthenay, où nous avons été si maladroitement engagés, j'arrive auprès du général, qui, voyant les choses aller mal et n'y comprenant rien, est monté sur la terrasse d'une maison pour se rendre compte du mouvement des Allemands. Il va être entouré et ne s'en doute pas. Il regarde devant lui et ne voit rien, car il n'a pas de lorgnette. Je le rejoins, et lui dis que nous sommes tournés à gauche. — C'est impossible. A ce moment un ambulancier lui tend une lorgnette; il regarde, et voit la colonne ennemie qui exécute sa marche enveloppante. — En retraite! il n'est que temps, dit-il.

— S'il en est partout ainsi, que ferons-nous?

— Il ne faut pas trop penser à ce que feront les autres, mais à ce que nous ferons nous-mêmes; c'est le meilleur moyen, il me semble, pour que les choses marchent; « je fais bien, mon voisin fait mieux. » Voilà ce qu'il faut se dire. D'ailleurs, depuis la bataille d'Arthenay, une amélioration considérable s'est produite. L'armée de la Loire, dont on parlait alors et qu'on ne trouvait que dans les journaux, existe maintenant bel et bien. Si tu allais entre Beaugency et Vendôme, tu trouverais 130,000 hommes et 250 canons. Sans doute, il n'y a pas de quoi anéantir les Prussiens d'un seul coup. Mais c'est un commencement. De plus, nous avons pour chef un général qui paraît vouloir rétablir l'ordre et la discipline : les régiments qui lui arrivent sont vite pliés par sa main ferme. On dit qu'il comprend la tactique des Prussiens : d'un autre côté, il est décidé à n'engager d'action que s'il a pour lui une grande supériorité numérique. Nous pouvons donc espérer. Pendant que nous nous organisons sur la Loire, Paris pourra lui-même mettre sur pied une force imposante. On me faisait à ce propos, il y a quelques jours, lire un passage des Mémoires de Marmont qui est bien caractéristique. Marmont prévoit le cas où, dans une funeste campagne, les armées françaises sont détruites. De ces armées, dit-il, il restera toujours 80 ou 100,000 hommes de débris qui, appuyés sur des forts régulièrement construits, seront inexpugnables. Avec les ressources que Paris renferme en personnel et en matériel de tout genre, les cadres seront bientôt remplis, et en moins d'un mois une armée de 300,000 hommes, bien pourvue et retrempée dans son moral, pourra marcher à l'ennemi. Ce que Marmont croit possible, Trochu va le faire sans doute, et si, nous-mêmes, nous avons alors 300,000 hommes sous les armes, cela fera 600,000 hommes à opposer aux Prussiens, sans compter l'armée de Metz. Tu vois donc qu'il ne faut pas envisager l'avenir trop en noir. Que chacun s'y mette, et la France peut se sauver.

Avant d'aller à la préfecture pour régulariser ma situation au ministère de la guerre, Homicourt voulut attendre un de ses amis qui était logé avec lui à l'hôtel de l'Univers.

— Tu vas voir, me dit-il, un exemple vivant de cette force de résistance qui, le premier moment de stupeur passé, relève les courages. Il a quitté sa femme, ses enfants, sa maison pour venir se mettre ici à la disposition du gouvernement, dont il est loin de partager toutes les opinions, mais qui pour lui est le gouvernement de la défense nationale. Sous l'empire, dont il n'a jamais rien voulu accepter, il était mal noté pour son opposition. Ce serait un titre à faire valoir aujourd'hui, mais il n'en parle pas, et comme il ne veut ni place ni traitement, il demande simplement qu'on l'emploie au service du pays.

— Comment se nomme cet honnête homme?

— M. Chaulais; le voici.

La connaissance fut vite faite.

— Ah! Messieurs, je vous envie, dit M. Chaulais; j'aurais aimé à être soldat avec vous : mais un soldat ne s'improvise pas, et je ne suis ni d'âge ni de force à en faire un; je ne serais qu'un embarras comme nous en avons déjà trop.

— Pour moi, je vous refuse, dit Homicourt.

— Il est vrai qu'en éclaireur et à cheval je ferais une singulière figure, mais j'espère pouvoir m'employer ailleurs utilement. L'heure est venue où le pays a besoin des efforts de tous, et je crois que ces efforts ne lui manqueront pas ; car ce n'est pas seulement pour la patrie et pour l'honneur que la France se bat, c'est aussi pour la justice et le droit. Tant pis pour les autres nations si elles ne comprennent pas que nous défendons le droit qu'ont les peuples de disposer d'eux-mêmes, tandis que les Prussiens veulent supprimer ce droit pour mettre à sa place la force qui dispose des peuples. Aussi, vaincue ou victorieuse, la France aura-t-elle l'honneur d'avoir combattu pour la bonne cause. Il n'y a pas d'illusions à se faire, nous ne sommes pas en ce moment les égaux de nos ennemis, sur le champ de bataille ; mais tant que nous avons une chance pour nous, nous devons lutter coûte que coûte : Metz et Paris sont debout, et la France n'est pas épuisée.

Je buvais ces paroles comme un cordial, et j'aurais eu du bonheur à serrer la main de M. Chaulais. Comme ces sentiments étaient loin de ceux de mon cousin le Lyonnais ! le raisonnement n'est pas tout en ce monde.

Le chemin n'est pas long de l'hôtel de l'Univers à la préfecture.

En entrant dans la vaste cour pavée qui s'étend devant les bâtiments de la préfecture, nous aperçûmes un général qui se promenait de long en large d'un air mécontent. Homicourt, qui le connaissait, alla le saluer.

— Vous ici, mon général ?

— Oui, j'ai fait vingt lieues pour venir entretenir le ministre de la guerre pendant cinq minutes ; mais il paraît que j'arrive à un mauvais moment ; j'attends et j'attendrai.

— Comme moi, dit un chirurgien des ambulances volontaires ; seulement, mes visées ne sont pas si hautes que les vôtres, général ; j'attends un des secrétaires du ministre auquel MM. Crémieux et Glais-Bizoin ont bien voulu me recommander.

— Crémieux et Glais-Bizoin ne sont donc plus rien ici ?

— Mais si, général, et même il paraît qu'avec leur protection on peut être reçu par les secrétaires du ministre. Vous voyez bien qu'ils servent à quelque chose.

— Attendez que vous ayez été reçu pour dire cela.

Un officier au képi galonné d'or vint serrer la

main de mon ami Homicourt ; malgré ce képi, il était difficile de le prendre pour un militaire.

— Hé bien, demanda Homicourt, votre corps est-il organisé ?

— Non pas encore ; mais, en attendant, je vais conférer avec M. Gambetta et lui donner, sur la forêt d'Orléans, des renseignements indispensables pour le plan à adopter. Au revoir, cher.

Et il s'éloigna d'un pas lent et fatigué.

— C'est un officier ?

— Non.

— Un ingénieur ?

— C'est Ponson du Terrail.

Avant que je fusse revenu de ma surprise, Homicourt avait été abordé par une nouvelle connaissance ; mais celui-là, en costume civil, ne portait aucun insigne militaire, pas de képi, pas de pelisse fantaisiste, pas de pantalon à bandes, rien.

— Véritablement, dit Homicourt, la cour de la préfecture est comme la place publique des anciennes comédies : on y fait toutes les rencontres désirables ; je viens de quitter un de vos confrères.

— Qui ça ?

— Ponson du Terrail.

— Merci bien.

Il est vrai qu'il ne l'est plus, et que maintenant il est le mien, il est même mon supérieur.

— On m'a dit qu'il organisait un corps franc.

— Oui, et je trouve que c'est l'acte d'un homme de courage ; mais il ne s'en tient pas à cela : ainsi en ce moment il est en conférence avec le ministre pour décider notre marche dans la forêt d'Orléans.

— Alors je n'ai plus rien à faire ici.

— Pourquoi donc ?

—Parce que le général Boum, qui m'avait chargé d'offrir ses services, ne voudra jamais se trouver à côté de Rocambole ; trop de littérature.

—Tu connais ce monsieur? me dit Homicourt, lorsque nous fûmes seuls.

— Non.

—C'est un des auteurs de la *Grande Duchesse*, et son mot qui t'a fâché est plus juste et plus cruel que tu ne penses : trop de littérature, trop de fantaisie ; on croit qu'on peut faire la guerre sans les militaires dont on se défie et qu'on méprise, et qu'on veut remplacer par ce qu'on appelle « l'élément civil. » Tout ce qui vient de nous est d'avance mauvais; tout ce qui vient d'un homme absolument étranger aux choses de la guerre a chance d'être adopté. Je ne dis pas que nous n'avons pas fait de fautes, mais ceux qu'on veut mettre à notre place n'en feront-ils pas de plus grandes? Il n'y a que ceux qui s'improvisent ministres pour croire que le métier n'est rien.

IV

Quand on passe entre cinq et sept heures du soir sur le boulevard des Italiens, on rencontre, se promenant depuis la rue Drouot jusqu'à la rue Laffitte, une collection d'individus qu'on peut classer parmi les curiosités de Paris. Sans un sou dans leurs poches, sans ressources d'aucunes sortes, n'ayant rien autre chose enfin que de l'audace et de l'intelligence, ils vont le nez au vent, fumant leur cigare, attendant qu'un million tombe d'un instant à l'autre dans leur portefeuille ouvert. Ils n'ont pas déjeuné, ils ne savent s'ils dîneront, ils n'osent rentrer chez eux pour ne pas avoir à payer les courses qu'ils ont fait faire le matin par leur concierge ; peu importe, ils comptent sur leur million et l'attendent ; tôt ou tard il viendra. Et à vrai dire, quelquefois il arrive. Ils ont fait des affaires, et dans le tas d'ordures il y avait un lingot.

Ce monde étrange que je m'étais autrefois amusé à voir défiler à Paris, je le retrouvai en partie à Tours, dans la cour de la préfecture, non plus perdu dans la cohue des passants, comme sur le boulevard, mais trié et pur de tout mélange. La France avait de grands besoins, ils étaient accourus pour lui offrir leurs services. — Vous faut-il cent mille tricots de laine pour nos soldats qui souffrent du froid? traitez avec moi; vous me connaissez, j'ai fait faillite trois fois : la première comme fabricant de chaussures, la seconde comme directeur de théâtre, la troisième comme banquier ; j'ai la science des affaires. — Voulez-vous des conserves de viande? je suis votre homme en qualité de médecin. — Il vous faut des fusils, des canons? acceptez mes offres, j'ai derrière moi MM. tel et tel, qui font en réalité l'affaire, mais ne veulent pas être en nom. Nous avons 200,000 fusils cachés dans une caverne; si vous n'écoutez pas nos propositions, nous dirons dans les journaux que vous refusez les armes qu'on vous offre. A côté de ces figures connues, on en voyait d'autres qui, au lieu d'aller franchement ouvrir les portes, y frappaient discrètement avant d'entrer. Ceux-là arrivaient de leur province. — C'est chez moi qu'on fabrique le meilleur drap pour la troupe, je puis vous assurer tout ce qui est en magasin dans notre ville. — Avez-vous besoin d'un bon administrateur général pour le camp des Alpines ou le camp de Conlie ? prenez-moi, je suis du pays, il n'y aura plus de boue à Conlie, plus de vent aux Alpines ; les soldats ne se plaindront plus ; en Bretagne, ils béniront la République ; en Provence ils diront que c'est une bonne fille. Et ils allaient en rasant les murs ; ils étaient bien vêtus : habit bleu à boutons d'or, chapeau mécanique, pantalon à sous-pied ; évidemment ils comptaient sur le triomphe de leur tenue pour enfoncer le débraillé parisien.

Et peut-être en raisonnant ainsi ne se trompaient-ils pas, car dans les corridors, dans les escaliers, on rencontrait des tailleurs qui passaient portant des vêtements dans des enveloppes noires : un habit neuf sur notre dos fait singulièrement ressortir le débraillé de ceux qui nous approchent.

Les révolutions peuvent renverser les gouvernements, les batailles abattre les empires, les cataclysmes effondrer les mondes, rien n'atteint la bureaucratie. En allant à la suite de Homicourt, pour faire régulariser ma permutation, je retrouvai partout le même système que je connaissais; rien ne se faisait qu'avec des notes, des rapports et des dossiers; en déménageant de Paris on avait religieusement emporté les vieilles traditions : la France pouvait vivre tranquille; au point de vue de la paperasse, elle serait correctement administrée.

Homicourt avait affaire dans plusieurs bureaux ; je le suivis partout, à la guerre, à l'intérieur, à la police, à la préfecture, écoutant çà et là les conversations se succédant tronquées, mais cependant curieuses.

— Monsieur, j'ai inventé une nouvelle mitrailleuse qui porte aussi loin que le canon de 7; je vous demande de me faire passer par-dessus les lenteurs administratives; ce sera un service rendu à la patrie.

— Pourquoi avez-vous laissé aller Thiers à Paris? Vous auriez dû l'arrêter. Thiers est un agent monarchique, il conspire contre la république. Il vous jouera quelque mauvais tour. Pas d'armistice, la lutte à outrance.

— Voici un système nouveau pour envoyer sûrement des lettres à Paris : vous prenez un chien de contrebandier, vous lui mettez une sacoche sur le dos; il passe à travers les lignes prussiennes.

— J'ai fait exprès le voyage d'Auch à Tours pour

vous signaler notre préfet. En république, il faut des fonctionnaires républicains. Notre préfet a écrit autrefois dans l'*Opinion nationale*. Si vous le laissez à la tête du département, je ne réponds de rien.

— Il faut que je vous explique mon affaire, c'est relativement à un fossé que nous nous disputons avec Boulmiers : ceux de Boulmiers disent qu'il est à eux, nous disons qu'il est à nous : sous l'empire ça n'a jamais pu s'arranger; alors, j'ai pensé qu'en venant vous expliquer l'affaire vous la comprendriez, et ça presse.

De tous ces originaux, c'est encore ce bon maire de village qui me paraît le plus étonnant, « relativement à son fossé; » la France est à l'agonie, les Prussiens sont à vingt lieues de lui, « l'affaire de son fossé presse. » Étonnant aussi et même assez naïf, le député au Corps législatif qui vient prouver par raison démonstrative, au nouveau gouvernement, qu'on doit faire des élections.

Pour sortir, nous passons devant un grand escalier; une voix forte retentit sous sa voûte sonore.

— Tout village qui se rendra à l'ennemi sans tenter la résistance sera signalé à la France! Son nom sera inscrit au *Moniteur*. J'y tiendrai, messieurs. De la patience! de la fermeté!

Celui qui parle ainsi a gravi quatre ou cinq marches de l'escalier, tandis que ses trois auditeurs sont restés en bas. Il s'adresse à eux en étendant son bras au-dessus de leurs têtes, dans un geste qui a plus d'énergie que de naturel. Après chaque mot il plante vigoureusement un point d'exclamation. Et il monte l'escalier comme un Romain triomphant montait au Capitole.

— Il a du creux, dit Homicourt.

M. Chaulais nous attendait dans la cour; il était calme lorsque nous l'avions quitté, il me parut accablé et sombre.

— Est-ce qu'on parlait de Bazaine, me dit-il, quand vous avez traversé la Lorraine?

— Sans doute; il était le sujet de toutes les conversations, de toutes les inquiétudes, il tient dans sa main la vie ou la mort de la Lorraine.

— Et de la France! que disait-on?

— Que sa défense n'était pas sérieuse; qu'il ne voulait pas et n'avait jamais voulu sortir de Metz. Mais ceux qui parlaient ainsi étaient des paysans qui ne savaient rien de positif et raisonnaient sur des conjectures. Il est vrai que ces conjectures se basaient sur mille petits faits pour eux décisifs.

— Le paysan est plus fin que nous.

— Avez-vous de mauvaises nouvelles? demanda

Homicourt; hier encore on parlait de sorties victorieuses.

Il secoua la tête et nous quitta sans répondre.

— Chaulais me fait peur, dit Homicourt; il connaît le dessus et le dessous des choses, il aura appris ou deviné quelques mauvaises nouvelles du côté de Bazaine. On dit qu'un officier d'état-major est arrivé de Metz la nuit dernière. Il semble qu'il y a comme du malheur dans l'air.

— Quel malheur veux-tu? Bazaine est appuyé sur Metz imprenable, avec 150,000 hommes au moins de troupes excellentes; quand il aurait éprouvé un échec dans une sortie mal combinée, ce ne peut pas être un désastre. Peut-être Bazaine ne veut-il pas reconnaître la république; eh bien, qu'importe pour le moment? Il reconnaît la France sans doute, et pour la France il tiendra jusqu'au bout. Le gouvernement sait ce qui se passe dans Metz; Bourbaki, qui en arrive, était ici il y a quelques jours; des lettres ont été expédiées en ballon, j'en ai vu une. Si l'on dit que tout y va bien, si on appelle Bazaine « notre glorieux Bazaine, » cela doit être vrai, ou alors on se moque de nous et on nous trompe de la façon la plus criminelle.

La ville, qui le matin m'avait paru calme et paisible, commençait à s'animer d'un mouvement et d'un bruit que je ne lui connaissais pas.

Dans la rue Royale, c'est plus que du mouvement, c'est de la cohue. Les Marseillais vont partir pour l'armée, et on veut leur faire la conduite, c'est une petite fête patriotique. La foule s'entasse sur les trottoirs, et l'on empêche les voitures de circuler. Un monsieur, qui n'est pas un officier mais un *délégué*, me dit-on, se donne beaucoup de mal pour organiser le défilé. Les Marseillais sont massés dans une petite ruelle comme s'ils étaient au théâtre dans la coulisse, prêts à s'élancer. Le monsieur va à eux, revient dans la rue et retourne à l'entrée de la ruelle.

— Allons, êtes-vous prêts?

— Non, pas encore.

— Dépêchez-vous donc.

Et il vient inspecter de nouveau la rue d'un air inquiet; il est certain qu'il a peur de les voir manquer leur entrée.

Dans la ruelle, on entendait un fourmillement et un brouhaha que dominait de temps en temps le son d'un instrument qu'on accordait.

— Allons donc! allons donc! crie le délégué.

— Il me manque ma petite flûte.

— Partons, les voitures vont nous barrer le passage.

— Le voilà! le voilà!

Tous les instruments s'accordent.

— Une, deusse !

Un formidable coup de cymbales ébranle les vitres, l'air de la *Marseillaise* éclate, et un flot se précipite dans la rue Royale, bousculant tout sur son passage.

Que de musiciens ! Est-ce qu'on veut répondre au sifflement des obus prussiens par « un petit air de musique ? » Cependant les volontaires arrivent : ils ont vraiment bonne tournure et marchent résolûment ; un peu trop vite peut-être, mais quand on a la chance de défiler devant un bon public, il faut bien l'esbrouffer un peu. Demain on marchera dans la boue, sous la pluie, sous la neige, par le froid, sans paille pour se coucher, sans feu pour faire la soupe, et l'on n'aura plus de public pour crier : « Bravo ! les Marseillais. » Heureux ceux qui ont eu une minute de bonheur avant cette campagne !

Homicourt n'était point resté avec moi pour assister au défilé des Marseillais ; en me quittant il m'avait donné rendez-vous au café de la Ville. Où était le café de la Ville ? Dans la rue Royale ; c'était tout ce que je savais. Je me mis à sa recherche.

Il faut avoir vu les rues de Tours à cette époque

pour se faire une idée de la variété d'uniformes militaires que l'imagination peut créer. Pour moi, j'étais ébahi. Des zouaves pontificaux qui venaient de se battre très-bravement à Orléans, et qui passaient avec une fierté méprisante à côté des garibaldiens souriant de pitié. Des francs-tireurs de Buenos-Ayres, en costume roux, véritables boucaniers, s'arrêtaient en contemplation devant les armuriers, lorgnant des revolvers et des poignards que leurs bourses trop légères ne leur permettaient pas d'acheter.

Puis passaient des Basques au béret bleu; des palicares, des vengeurs couleur sang de bœuf, des volontaires de Cathelineau, des Bretons avec leur grand feutre noir à larges bords, des volontaires amateurs, qui portaient des couteaux de chasse à leur ceinture et des bottes de ténor. Ceux-là complétaient l'illusion; on se croyait dans un décor d'opéra, et on les suivait du regard, s'attendant à les voir d'un moment à l'autre attaquer leur air de bravoure.

Sur la devanture d'un café, une affiche manuscrite annonçait « qu'il était défendu aux vendeurs de la *France*, de l'*Union*, de la *Gazette de France*, du *Constitutionnel* et autres *ordures* de ce genre d'entrer dans cet établissement pour y offrir leurs journaux.»

Je regrettai que ce ne fût pas le café de la Ville, car j'aurais été bien aise de voir si la consommation liquide offerte aux habitués était digne de la consommation intellectuelle.

Enfin je trouvai le café de la Ville, et j'allai prendre une place libre à côté de deux messieurs qui écrivaient devant des chopes vides. Derrière moi était entré un officier de hussards, à l'uniforme sale et déchiré, et il s'était assis à une petite distance de nos tables.

— Encore un officier! dit l'un de mes voisins en interrompant sa correspondance sur papier pelure, c'est dégoûtant; ces gens-là ne profiteront d'aucune leçon; ils allaient au café avant; après ils y retournent; comme s'ils ne seraient pas mieux dans une chambre à travailler!

— Où veux-tu qu'un officier boive quand il a soif?

— Je ne veux pas qu'il boive, je veux qu'il travaille : on n'est pas soldat pour se donner des douceurs.

— Garçon, dit l'officier, servez-moi ce que vous voudrez; tout ce que je désire c'est que ce soit très-chaud; il y a cinq jours que je n'ai rien pris de chaud; et vite, n'est-ce pas, je suis pressé.

Le nouvel arrivant se mit à la table de mes voisins.

— C'est décidément vrai, dit-il à mi-voix, je viens de causer avec un officier qui a accompagné M. Thiers jusqu'à Orléans. Von der Thann a communiqué à M. Thiers une dépêche annonçant que Bazaine a capitulé.

— Une dépêche allemande, c'est une blague pour décourager la résistance.

— C'est une dépêche à « Augusta », et celles-là ne blaguent pas : quand il y a des blagues à lancer, ce n'est pas le roi Guillaume qui les signe, c'est Podbieski.

— Enfin, je ne parlerai pas de ça dans ma correspondance ; ils ont l'esprit monté, chez nous ; ils mettraient le feu à l'imprimerie ; je les connais. J'ai autre chose, d'ailleurs.

— Quoi donc ?

— Il paraît que Garibaldi est à Besançon avec 60,000 hommes, et qu'il va couper les routes d'étapes des Prussiens, qui sont flambés.

— Toi d'un côté avec Garibaldi, lui d'un autre avec Cathelineau, et vous démanchez sur cette corde ; vos abonnés, qui aiment ces notes-là, sont contents, et voilà. Vous êtes aussi coupables que les journaux de l'empire qui endormaient le public ; vous, vous le trompez. Dites donc la vérité : si Bazaine a capitulé, dites que Bazaine a capitulé ;

est-ce que vous faites les événements? Il n'y a qu'une chose que vous faites, c'est l'esprit public. ne le faussez pas.

— Et la *copie*? tu crois que nous ne la faisons pas peut-être ; on voit bien que tu n'as jamais entendu résonner à ton oreille la trompette terrible qui crie : « Il faut encore quatre feuillets. »

Le bruit de capitulation ainsi répété commençait à devenir inquiétant. Il y avait comme une angoisse vague chez chacun. On s'abordait en se demandant des nouvelles de Metz.

— Nous allons faire parler sérieusement Chaulais, me dit Homicourt ; il sait quelque chose.

Mais M. Chaulais ne parut point à l'hôtel pour déjeuner. Où était-il? On n'en savait rien. Ce fut grâce à cette absence que je pus trouver place à la table, qui était immense et occupait tout l'espace de la salle à manger. Douze ou quinze officiers de marine venaient d'arriver de la Guyane et des Antilles pour se joindre à l'armée de la Loire, et on avait tassé les chaises pour les recevoir. C'était une étrange réunion. Ceux-ci venus à Tours pour sauver la France; ceux-là pour obtenir une fourniture ou une préfecture; un autre pour voir ; sans compter une jeune femme brune, au chapeau de feutre ombragé de plumes de coq, venue pour se

4.

faire voir et qu'on disait être la maîtresse d'un capitaine de francs-tireurs qu'on appelait Falsacappa.

Les officiers de marine, qui se connaissaient tous, parlaient entre eux et racontaient des histoires du siége de Sébastopol, au grand désespoir de trois Méridionaux qui, ayant été reçus par Gambetta, leur camarade et leur compatriote, voulaient parler de Gambetta.

— Avez-vous vu Gambetta ?
— Qu'est-ce que dit Gambetta ?
— Il faut savoir ce qu'en pense Gambetta !
— Ah ! si j'avais encore Legoff, disait un capitaine de frégate ; au Mamelon-Vert, il y avait une pièce russe qui démolissait tous nos travaux. On demande un bon pointeur ; Legoff est désigné, je l'accompagne. Il pointe un coup avec la pièce en batterie, et manque. Si j'avais une pièce de marine! dit-il. On lui en installe une. Au premier coup, il démonte la pièce russe. Il est mort à Concarneau du *delirium tremens* ; c'était l'ivrogne le plus intrépide que j'aie jamais rencontré.

Je passai ma journée à m'équiper. Homicourt m'avait promis le cheval harnaché, le mousqueton et le sabre, mais je voulais une peau de mouton et un bon revolver. Comme j'en essayais plusieurs au tir d'un armurier, à Saint-Symphorien, sans trouver ce que je voulais, car j'avais les exigences d'un homme qui achète un revolver pour sauver sa vie, il me dit qu'il me donnerait l'arme que je cherchais le surlendemain.

— Et pourquoi pas aujourd'hui ?

— Parce qu'il faut que je la fasse venir de Nantes.

Alors, de questions en questions, je finis par apprendre que ce brave marchand de Tours (siége du gouvernement) faisait venir chaque matin sa provision d'armes de Nantes, où il envoyait chaque soir sa recette de la journée « par peur des Prussiens. »

Au dîner, nous ne vîmes pas plus M. Chaulais que nous ne l'avions vu au déjeuner, et ce fut seulement le soir, au moment où nous lisions une affiche, qu'il nous frappa sur l'épaule. Cette affiche annonçait que le gouvernement n'avait pas de renseignements sur les bruits qu'on faisait courir relativement à Metz; mais que, quoi qu'il pût arriver en ces temps de capitulations scélérates, il y avait une chose qui ne pouvait ni ne devait capituler, la république française.

— Venez, dit-il, j'ai à vous parler, mais cela n'est pas possible ici ; attendons que nous soyons seuls.

Au bout de la rue Royale, du côté opposé à la Loire est un vaste boulevard planté de hauts arbres, très-fréquenté pendant la journée, mais assez solitaire le soir, malgré le voisinage de la gare.

— Je vous ai parlé de Bazaine ce matin, nous dit M. Chaulais en arrivant sur ce boulevard, je venais d'apprendre qu'il avait capitulé, et ce soir on affiche cette proclamation.

— Mais cette capitulation?

— Certaine, par malheur.

— Alors cette proclamation ?

— Cette proclamation montre quel est le système de notre gouvernement. Sous prétexte de ne pas effrayer le pays, on cache la vérité et on l'altère comme au temps de l'empire.

— Il faudra bien la dire, cette vérité.

— Demain, sans doute, mais l'opinion sera préparée et puis on aura toute la nuit pour travailler les adjectifs retentissants qui doivent accompagner cette terrible nouvelle. Mon parti est pris, je quitte Tours : pendant toute la journée j'ai marché par la campagne, balançant dans ma conscience la résolution que je devais prendre ; cette proclamation me la dicte : rester avec ces gens-là serait me faire leur complice. Ils vont lancer la France dans une guerre dont la responsabilité sera terrible à porter ; car il n'y a pas d'illusions à se faire, c'est la guerre à outrance, et la guerre quand on n'a plus moyen de la faire. Metz debout, il fallait lutter, et depuis son arrivée à Paris jusqu'à ce jour, Gambetta a mérité par son énergie que tous les honnêtes gens se rallient derrière lui ; mais, à partir d'aujourd'hui, il se jette à l'aveugle dans une aventure qui peut seulement grandir son rôle. Mes pauvres enfants, dit-il, en nous serrant les mains, vous allez être écrasés par l'armée qui, de Metz, va s'abattre sur vous ; et, quand vous serez broyés, quand de vous il ne restera plus rien, quand la moitié de la France sera ruinée, il faudra recevoir la paix qu'on nous imposera, sans s'appuyer sur une armée qui permette au moins de discuter. Gambetta a pris une attitude : la résistance, et il la garde sans rien écouter et sans rien voir. Voilà pourquoi il ne veut pas qu'on fasse des élections : il nous reconnaît bons pour aller tous à la bataille, mais mauvais pour aller au vote ; c'est lui qui vote pour nous, par souci de notre honneur.

Il nous quitta bouleversé, mais bientôt il nous rejoignit. La chambre qu'il occupait avec Homicourt, et que je devais partager, était un petit salon dépendant de la salle à manger, et ce soir-là on y faisait bombance. Jusqu'à minuit, nous restâmes à nous promener sur le boulevard, discutant tristement des malheurs de la patrie et des éventualités fatales qui allaient résulter de la reddition de Metz.

Quand nous passions devant notre salon, nous voyions la lumière à travers les fentes des volets, et nous entendions les propos et les cris des convives. De temps en temps, sur la chaussée, passaient des troupeaux de bœufs maigres qu'on conduisait à l'armée. De temps en temps, défilaient des bataillons qui allaient s'embarquer au chemin de fer.

Ce fut seulement le lendemain que la capitulation de Metz fut officiellement annoncée. En passant sur la place de la Préfecture, je vis un petit rassemblement devant une affiche. Je m'approchai et je lus: « Elevez vos âmes et vos résolutions à la hauteur des effroyables périls qui fondent sur la patrie... Metz a capitulé... » Tout le morceau était dans ce style, et je me dis que M. Chaulais ne se trompait pas la veille en prévoyant que la nuit serait employée à piocher les adjectifs.

— Ça mérite un premier accessit de rhétorique, dit un lecteur derrière moi; toutes les rengaines y sont.

Homicourt m'attendait à la gare ; je le rejoignis et nous partîmes pour Blois, d'où nous devions passer sur la rive gauche de la Loire.

V

Après la bataille d'Artenay, perdue par le général La Motterouge, nous avions dû abandonner Orléans aux Allemands et nous retirer vers Bourges et Vierzon.

La cavalerie prussienne, qui avait passé la Loire sur nos talons, s'était répandue dans la Sologne et dans tout le pays compris dans l'arc qui forme le fleuve depuis Sully jusqu'à Saint-Laurent; ses éclaireurs avaient poussé jusqu'à Salbris, à quelques lieues de Vierzon.

Le général d'Aurelle de Paladines, mis à la tête de l'armée de la Loire, ayant reformé cette armée, l'avait ramenée sur la rive droite du fleuve, et l'établissant sur une ligne qui allait de Morée à Mer en passant par Marchenoir, il menaçait de là les Allemands dans Orléans.

Dans cette position, il lui importait de savoir ce que faisaient les Allemands sur la rive gauche qu'ils n'avaient point évacuée, et notre corps d'éclaireurs avait reçu l'ordre d'accomplir cette mission. Séparés de l'armée, lancés à l'aventure sur une vaste étendue de pays sans aucun corps de soutien, nous devions nous trouver plus d'une fois dans une situation difficile; c'était pour parer autant que possible aux difficultés de cette situation que notre commandant était venu à Tours chercher les pouvoirs nécessaires pour assurer le succès de notre entreprise, notamment au point de vue des réquisitions, puisque pour nous il n'y avait pas d'intendance, et que nous ne devions compter que sur nous-mêmes. Pendant l'absence de son chef, la compagnie prenait un peu de repos à Blois, et se remontait en chevaux et en équipements.

Homicourt me présenta à mes nouveaux camarades, et lorsqu'on sut que j'avais accompagné notre commandant sur le champ de bataille de Sedan à la recherche du drapeau, on m'accueillit comme un ami; dans ces conditions, la connaissance fut vite faite.

Notre compagnie était composée des éléments les plus divers : à côté d'anciens militaires qui avaient fait les campagnes d'Italie ou du Mexique se trouvaient des fils de famille, des braconniers et d'honnêtes propriétaires. Les seules questions posées à ceux qui se présentaient étaient : Savez-vous monter à cheval? Êtes-vous bon tireur? Avez-vous bonne santé? Si oui, ils étaient reçus après avoir été avertis qu'on ne couchait pas sous la tente, qu'on ne faisait pas la soupe, qu'on ne portait pas avec soi d'effets de rechange, et qu'on ne devait ménager ni sa peau ni sa peine. Il ne me fallut pas beaucoup d'heures pour voir combien cette diversité dans le recrutement est précieuse pour l'esprit d'un corps; la cause principale de la faiblesse de l'armée chez nous a été dans son mode de recrutement, qui se faisait d'une façon pour ainsi dire exclusive dans la dernière classe sociale. Par cela seul que dans une compagnie se trouvent dix hommes qui ont reçu une certaine éducation, le niveau moral des autres s'élève immédiatement. C'était le cas chez nous. Aussi me semble-t-il que s'il était jamais nécessaire de défendre le service obligatoire, ce serait là le plus fort argument en sa faveur.

Il me fallait un cheval pour entrer en campagne

et le temps pressait. Homicourt me dit qu'un de nos hommes, malade d'une fluxion de poitrine, me céderait sans doute le sien. Je l'allai trouver dans la maison où on le soignait, et lui expliquai le but de ma visite.

Étendu sur son lit, il avait tourné les yeux sur moi, et il m'examinait avec attention.

— Aimez-vous les chevaux? me dit-il.

— Oui, et je les connais.

— Eh bien alors, je ne vous vends pas le mien, je ne vous le prête pas, je le lègue à la compagnie; c'est tout ce que je peux pour elle maintenant. On vous dira que ce legs ne gênera en rien mes affaires. Je vous le recommande, c'est un cheval de chasse; il est par *Heir-of-Line* et se nomme *Forban*. Bonne chance!

Il me tendit sa main fiévreuse; puis comme je sortais il me rappela.

— Je le flattais souvent au-dessous de l'oreille droite; trois petites tapes si vous voulez bien, il pensera à moi.

En sortant de Blois par le faubourg de Vienne, on trouve un chemin qui passe entre les forêts de Bussy et de Boulogne : ce fut ce chemin que nous prîmes pour aller coucher au delà de Bracieux, dans un pauvre village qui me donna l'idée de ce que serait notre campagne dans ce pays.

Je marchais en avant de la compagnie, détaché avec quelques camarades; aussitôt qu'on entendit le pas de nos chevaux, il y eut une panique dans le village, et nous vîmes les paysans se sauver en courant. En quelques secondes, la rue fut déserte; seuls, deux gamins galopaient de ci de là en criant : « Les Prussiens, les Prussiens! » Dans les maisons on fermait les portes et l'on barricadait les fenêtres; devant une étable une vieille femme frappait à coups de gaule sur sa vache maigre, qui ne voulait pas rentrer.

— Nous n'avons pas de francs-tireurs ici! cria-t-elle quand nous fûmes à sa portée, je vous le jure; pas méchants, les Prussiens, pas méchants.

On finit par s'expliquer.

Alors ce fut une autre comédie : ils n'avaient rien à nous donner, rien à nous vendre; leur village était pauvre, leur bois était vendu, il ne fallait pas y toucher; leur paille, c'était leur provision pour l'hiver; avec quoi nourriraient-ils leurs bestiaux si nous prenions leur paille?

Et nous, avec quoi nourrir nos chevaux, s'ils ne voulaient rien nous donner? Nous étions là pour les protéger.

La toute-puissante réquisition obtint à la fin ce

qu'on n'avait pas voulu accorder à la demande honnête; pour mon compte, je dormis admirablement dans une bergerie, avec une bonne brassée de bruyère pour matelas et une botte de paille de seigle pour couverture. Mon dîner, composé d'une tartine de fromage blanc, ne m'avait pas chargé l'estomac.

Le lendemain, notre marche en avant nous amena dans une contrée où nous pouvions d'un moment à l'autre nous trouver en face des Prussiens; il fallait prendre des précautions, ce qu'on fit en adoptant à peu près le système des uhlans : par groupes de trois, nous nous éclairions en avant, à droite et à gauche, à de longues distances.

Je compris alors pour la première fois l'intérêt de la guerre ainsi pratiquée. Homicourt m'avait détaché en avant, et nous avancions en interrogeant les paysans que nous trouvions sur notre passage. Mais nous en trouvions rarement, car un grand nombre de villages avaient été désertés par les habitants, qui s'étaient retirés dans les bois avec leur famille, leur mobilier chargé sur des voitures, et leurs bestiaux qu'ils conduisaient en troupes. Alors, pour ne pas tomber au milieu des patrouilles de cavalerie et nous faire envelopper, nous allions pas à pas, l'œil ouvert, l'oreille aux aguets; de temps en temps, on descendait de cheval pour se coucher sur la terre et écouter, et toutes les fois que se présentait un mamelon, une butte de terre, on y montait pour regarder au loin dans les profondeurs brumeuses de l'horizon.

Dans les plaines plates et unies de l'Orléanais et de l'Ile-de-France, on peut ainsi, avec des précautions, se mettre à l'abri des surprises; mais, dans la Sologne, la tâche est plus délicate et plus difficile. Au milieu des étangs, des bouquets de bois, des plantations de pins qui couvrent ce pays, et des chemins creux bordés de broussailles qui le coupent çà et là, rien n'est si simple que de dresser une embuscade dans laquelle on va tomber comme le gibier dans des panneaux. On ne peut être averti que si l'on rencontre un paysan; mais précisément nous n'en rencontrions presque jamais, car depuis que les Prussiens occupaient Orléans et faisaient de fréquentes incursions dans le pays, les travaux des champs avaient été abandonnés; à quoi bon travailler, couper du bois, ramasser de la bruyère, si l'on doit être pillé? comment se risquer à labourer sa terre, quand trois uhlans, arrivant à l'improviste, peuvent vous enlever chevaux et bœufs?

Les habitants qui ne s'étaient point sauvés vivaient dans de continuelles alertes, s'attendant à chaque instant à voir les cavaliers ennemis s'abattre sur eux; et chez plusieurs on peut dire que le couvert de MM. les chevau-légers était mis d'avance.

Le soir d'une journée de marche, j'avais été logé dans une grande maison bourgeoise, où l'on nous avait traités comme des amis : nos chevaux à l'écurie, et pour nous un véritable souper avec un gigot et du vin blanc.

Me rendant à l'écurie, ce festin terminé, j'entendis par hasard la conversation de la maîtresse de la maison avec une de ses voisines, et elle m'expliqua pourquoi nous avions été si bien reçus.

— Il y a huit jours, j'ai été chez la bouchère et je lui ai dit: Si les Prussiens viennent, gardez-moi un gigot; j'ai du lard; je leur donnerai des confitures, parce que je sais qu'ils les aiment, et je leur dirai : Maintenant, ne m'hébêtez point.

Comme nous n'étions que des Français, le lard et les confitures étaient restés dans l'armoire, et si l'on nous avait donné le gigot, c'est parce qu'il était « retenu chez la bouchère, » où il menaçait de pourrir. Nous avions mangé le dîner de nos ennemis.

Tout le monde, il est vrai, n'était point d'aussi bonne composition que cette ménagère précautionneuse, et il y avait de braves gens qui, au lieu d'attendre les Allemands au coin du feu, allaient les attendre au coin d'un bois. C'étaient des chasseurs, des braconniers, des gardes ; et tout Prussien qui passait à bonne portée était un homme mort : ceux-là ne se laissaient point intimider par les affiches placardées dans les environs d'Orléans pour prévenir les habitants qu'on fusillerait tout homme qu'on trouverait armé.

Sur les bords de la Loire, un certain nombre de ces volontaires de la défense s'était joint aux mobiles et aux corps francs de Cathelineau, et quand nous pénétrâmes au cœur de la Sologne, il s'en leva quelques-uns qui voulurent se joindre à nous. On a accusé bien souvent les paysans de défaillance ; il faut dire que cette accusation vague et générale n'était pas toujours fondée ; quand les paysans pouvaient se défendre avec quelques chances en s'appuyant sur un corps de soutien, ils se défendaient ; les Prussiens là-dessus savent à quoi s'en tenir mieux que nous ne le savons nous-mêmes. Qu'on lise leurs journaux de cette époque et on les trouvera remplis de déclamations contre « la guerre fanatique des Français » et surtout contre ceux qui excitaient cette guerre, notamment les curés et monseigneur Dupanloup ; on y trouvera aussi de nombreuses histoires de paysans fusillés « parce qu'on les a surpris avec leurs pantalons fourrés dans leurs bottes, ce qui pour les Bavarois voulait dire que c'étaient des francs-tireurs. » Ce n'est que par une sévérité draconnienne, disait le *Moniteur officiel* de Berlin, qu'il est possible de mettre fin à cette manière traîtresse et infâme de faire la guerre et de *donner satisfaction* à nos troupes.

C'était une campagne étrange que la nôtre, au milieu de ce pays désert, et il nous arrivait de marcher durant des journées entières sans rencontrer personne sur les routes ; c'était seulement en fouillant les bois qu'on découvrait des êtres vivants, bêtes et gens. Tout à coup, dans un bois qu'on ne croyait habité que par des bêtes fauves, partait le bêlement d'un mouton auquel répondaient aussitôt dix, vingt, cent autres bêlements ; on était tombé en plein dans le campement d'un cultivateur qui s'était enfui de la petite Beauce avec ses troupeaux, ses chevaux, ses voitures pleines de blé ou d'avoine. Ces gens, habitués à la vie paisible et sûre, étaient des nomades ; on habitait maintenant sous des gourbis ; les chevaux et les vaches étaient attachés aux voitures, et les enfants pleuraient sur les genoux des mères « parce qu'ils voulaient aller à la maison. »

5.

Si les Prussiens avaient osé s'aventurer dans ces bois, ils auraient pu y faire de bonnes prises en grains et en bestiaux; mais ils craignaient les embuscades; et les quelques jours de parfaite sécurité qu'ils avaient eus pour leurs expéditions, après leur entrée à Orléans, étaient maintenant passés. Des troupes françaises assez nombreuses étaient rassemblées entre Salbris et Vierzon, prêtes à prendre l'offensive; sur les bords de la Loire, les Vendéens veillaient avec des mobiles et des francs-tireurs; les sorties d'Orléans étaient moins fréquentes et moins longues; on se montrait avec de l'artillerie et de l'infanterie, mais ces démonstrations n'avaient d'autre but que de tromper nos généraux sur les forces allemandes qui occupaient Orléans.

Pour nous, cette prudence des Prussiens était agaçante, car nous avions grande envie de tâter leurs cavaliers; nous les avions souvent aperçus de loin, mais ils s'étaient toujours repliés sans qu'il nous fût possible de les joindre à bonne portée; on échangeait quelques coups de feu qui ne faisaient que du bruit, et c'était tout. Quand nous arrivions dans un village, ils en étaient sortis quelques heures auparavant.

— Si vous étiez venus ce matin, nous disaient les

paysans, on a fait des réquisitions, ils se seraient sauvés sans les emporter.

Un jour cependant, nous fûmes plus heureux: en entrant dans un petit village des environs de la Ferté, on nous dit que les Bavarois venaient de partir, emmenant avec eux toutes les voitures qu'ils avaient pu trouver.

— Courez après ! nous criait une femme, ils n sont pas loin ; ramenez-moi ma voiture, elle est bâchée, les deux chevaux sont gris, vous les reconnaîtrez, notre nom est dessus : Fourbet, n'oubliez pas, Fourbet !

Un paysan monta à cheval et voulut bien nous guider ; lui aussi tenait à reprendre sa voiture. Les Bavarois avec leur petit convoi n'avançaient pas vite, tandis que nous allions rapidement ; en moins d'une demi-heure nous les eûmes rejoints dans un bois. Mais leurs précautions étaient prises ; un peloton d'arrière-garde protégeait le convoi.

— Par le raccourci, nous pourrons arriver aux voitures, nous dit notre guide, qui n'oubliait point le but de son expédition.

Ce mouvement tournant risquait de nous jeter en plein dans les Allemands, mais, malgré les dangers qu'il présentait, il fallait l'exécuter ou revenir sur nos pas. Notre commandant l'ordonna, et je fus au nombre de ceux qui s'engagèrent dans le raccourci, tandis que mes camarades s'apprêtaient à attaquer l'arrière-garde.

Ce raccourci était la corde de l'arc suivi par le convoi; nous arrivâmes sur l'escorte au moment où elle sortait du bois pour entrer dans une lande. Les Bavarois étaient nombreux, nous n'étions que quelques-uns; si nous voulions courir dessus et les sabrer, nous étions enveloppés et enlevés avec le convoi. Le maréchal-des-logis qui nous commandait nous espaça sur la lisière du bois et nous ordonna de tirer sans nous montrer.

Sous notre décharge, les Bavarois s'échappèrent comme une troupe de pierrots, abandonnant le convoi qui s'arrêta, et ils galopèrent jusqu'à un bouquet de bois qui se trouvait à plus d'un kilomètre de celui où nous étions cachés. Il y avait eu un moment de panique, et sous le coup de la surprise, ils avaient cru à une embuscade. Or, si les Allemands sont de solides soldats en ligne, se battant bien quand ils ont tout pour eux, le nombre, la position, l'ordre et la confiance, ils perdent tout de suite la tête quand ils sont surpris; de là, chez eux, leurs soins infinis à se garder.

Au bruit de notre engagement, le peloton qui dans le bois faisait face [à nos camarades lâcha pied, et nous le vîmes passer devant nous au grand galop. Nous avions rechargé nos mousquetons, et on salua leur passage d'une nouvelle décharge. Un lancier se coucha sur le cou de son cheval : il avait été atteint ; cependant il ne tomba pas ; et comme, pour n'être pas gêné par le convoi qui barrait la route, le peloton s'était jeté dans la lande coupant au court, le lancier blessé vint de mon côté.

Depuis que nous étions en campagne, il y avait une question que nous discutions chaque jour sans avoir pu la résoudre : les cavaliers ennemis étaient-ils attachés à leurs selles? Plusieurs fois, sous un coup de feu, nous les avions vus chanceler et se coucher, mais jamais ils n'étaient tombés à terre. Je voulus éclaircir ce point obscur, et sortant du bois, je me lançai à la poursuite du lancier. J'avais fait connaissance avec *Forbàn*, je le savais vite ; j'espérais en quelques foulées rejoindre l'Allemand.

Mais lui aussi était vite, et la poursuite dura plus longtemps que je n'avais calculé. Heureusement, *Forban* et moi nous savions sauter un obstacle ; un large fossé me séparait du lancier, je le franchis et saisis l'Allemand par la bride ; il était temps : quelques balles me sifflaient aux oreilles.

Sans m'amuser à faire ma vérification, j'entraînai mon prisonnier en galopant vers notre bois, après l'avoir prévenu que s'il bougeait, je l'achevais. Ce fut une belle course et plus émouvante que toutes celles que j'avais autrefois courues à Longchamp ou à Vincennes ; j'avais pour spectateur, d'un côté, des Bavarois, de l'autre mes camarades, et derrière moi j'entendais le galop de quelques cavaliers ennemis qui s'étaient retournés et me donnaient la chasse. Quelques hommes de ma compagnie étant sortis dans la lande, les Bavarois s'arrêtèrent et je rentrai sous bois avec ma prise.

Décidément il était attaché à la selle avec deux courroies, et c'était ce qui l'avait empêché de tomber, car il était grièvement blessé d'une balle qui lui avait brisé la hanche ; à moitié évanoui, on le descendit de cheval et on le coucha sur la paille dans une des voitures du convoi, précisément celle de madame Fourbet.

Notre rentrée au village en ramenant les voitures réquisitionnées fut un vrai triomphe ; la seule madame Fourbet nous accueillit avec des paroles de reproche.

— En v'là une idée ! un Prussien dans ma voiture, et toute ma paille perdue.

On s'assembla autour du blessé, et les propos allèrent leur train.

— Pas Prussien, disait le malheureux; moi Bavarois, aime Français beaucoup.

Mais ce n'était pas la pitié qui pouvait émouvoir ces paysans exaspérés : Prussien, Bavarois, que leur importait! c'était l'ennemi qui depuis un mois les ruinait.

— Ousqu'on va le fusiller ? disait un gamin.

— Une fourche fera l'affaire.

— Un prisonnier! si ça ne fait pas suer; sont-ils faignants tous ces volontaires!

— Au moins en voilà toujours un qui payera pour Jean.

Un mois avant ce jour j'étais prisonnier moi-même en Allemagne ; j'avais vu autour de moi la foule inquiète et curieuse. C'était partout la même ignorance, les mêmes sentiments.

Mais ce lancier était mon prisonnier, il m'appartenait. Je ne voulus par qu'il reçût des coups de plat de sabre ou des coups de bâton.

— Est-ce que vous auriez le cœur de frapper un homme qui ne peut pas se défendre?

— C'est un Prussien.

— Hé bien, qu'importe! ce matin c'était un ennemi ; en ce moment, c'est un blessé. Qui veut le recevoir et le soigner ?

Personne ne répondit et l'on me regarda avec surprise.

— Où est le maire ?

— Oh ! le maire, il a autre chose à faire. On a arrêté une espionne prussienne : il est avec elle à la mairie.

Mon prisonnier était couché sur une botte de paille devant la porte de madame Fourbet ; je priai un de mes camarades de veiller sur lui, car je ne voulais pas le laisser à la garde de ces paysans.

— Je vais revenir, lui dis-je en allemand, et je vous ferai porter dans une maison.

— Ne m'abandonnez pas, ils vont me fusiller.

Je voulus le rassurer en lui disant que les Français ne fusillaient pas leurs prisonniers, mais il ne me crut pas.

— Pas Prussien, répétait-il en français, Bavarois.

En moins de deux minutes, je fus à la mairie ; une petite voiture et deux chevaux étaient devant la porte : la voiture de miss Clifton. Ce n'était pas possible.

J'entrai vivement : c'était mis Clifton, son infirmier et son superbe domestique qui venaient d'être arrêtés comme espions et qui subissaient les questions de M. le maire.

Malgré mon changement d'uniforme, elle me reconnut.

— Miss Clifton !

— *M. d'Arondel!*

— *Oh! sir!* s'écria le domestique.

En entendant ces paroles dans une langue qu'il ne comprenait pas, le maire fut de plus en plus convaincu qu'il tenait une Prussienne; et il fallut Homicourt, que j'envoyai chercher, pour qu'il consentît à relâcher la prisonnière.

Encore ne le fit-il qu'à contre-cœur, bien persuadé au fond de sa conscience que notre commandant était la dupe des beaux yeux de l'étrangère.

VI

— Combien j'ai été inquiète de vous! me dit miss Clifton, car j'ai appris par les gens chez lesquels vous avez logé à Doncourt que vous ne pouviez pas marcher, dans ces douloureuses étapes de Sedan à Pont-à-Mousson. Comment donc avez-vous pu vous sauver?

Ce souvenir, cette marque d'intérêt, le ton avec lequel la jeune Anglaise m'interrogeait, le regard qui accompagnait ces paroles, tout cela me troublait et me remuait au fond du cœur. Il y avait donc au monde quelqu'un qui pensait encore à moi. Pendant la terrible journée où j'étais resté lié au cadavre du gendarme prussien, peut-être miss Clifton m'avait-elle suivi en pensée! Mais je ne me laissai pas aller à ces impressions.

— J'ai là un blessé bavarois, lui dis-je sans répondre à ses questions; ne pourriez-vous pas lui faire donner des soins?

— Oh! tout de suite.

Le maire nous désigna une maison, et nous y transportâmes le lancier.

— Voulez-vous m'aider à le panser? me demanda l'infirmier de miss Clifton.

J'aurais autant aimé me dispenser de cette corvée; mais il n'y avait rien à attendre des paysans qui nous regardaient d'un air ébahi et qui, voyant les Anglais s'occuper du blessé, étaient de plus en plus convaincus de leur fable d'espionne prussienne.

— Je te dis que c'est un Prussien, murmurait un paysan à l'oreille d'une femme en désignant l'infirmier; regarde la croix rouge qui est sur son bras; j'ai vu à Olivet des Prussiens qui avaient la même croix; c'est leur signe pour se reconnaître.

En voyant qu'on ne le fusillait pas, le lancier avait retrouvé du cœur.

— Bons Français, répétait-il, bons Français! et il souriait aux paysans, qui, il faut le dire, ne le regardaient pas d'un œil tendre.

— Déshabillons-le, me dit l'infirmier.

Sous sa tunique il portait un tricot noir, je l'enlevai. Mais sous ce tricot il y en avait un bleu. Je l'enlevai encore. Sous le bleu, il s'en trouvait un rouge, sous le rouge un marron.

— Ah! dit l'infirmier avec un flegme magnifique, c'est le matelot de la pantomime avec tous ses gilets.

— Très-chaud, disait le lancier.

C'était en effet pour avoir chaud que le Bavarois avait successivement endossé ces tricots; à mesure que la température s'était abaissée il s'était rembourré : au mois d'août un tricot, au mois de septembre deux, au mois d'octobre quatre, au mois de novembre cinq. J'ai retrouvé plus tard, à l'armée de l'Est, au mois de janvier, un Poméranien qui portait ainsi sur lui sept tricots de laine, tandis que nos mobiles n'avaient qu'une blouse en mauvais drap.

Il eût fallu un médecin pour extraire la balle, mais comme il n'y en avait pas dans le pays, on fit un pansement provisoire.

Miss Clifton voulait continuer son chemin, mais le soir s'avançait; sur mes observations, elle consentit à ne partir que le lendemain matin. Elle venait de Salbris et elle comptait rejoindre l'armée française sur la rive droite de la Loire en passant par Beaugency.

— Le pont de Beaugency est coupé, dit Homicourt, il vous faudra descendre jusqu'à Mer; nous-mêmes nous nous rapprocherons demain de la Loire; ces réquisitions de voitures par les Bavarois paraissent indiquer un mouvement de troupes; il faut que le général en soit informé; d'Arondel pourra vous escorter jusqu'à Muides, où est le quartier général.

Cette soirée est pour moi la meilleure de cette dure campagne : miss Clifton m'avait invité à souper, et jusqu'à une heure avancée dans la nuit nous restâmes à causer devant un feu de sapin qui égayait la cuisine sombre. Sa voix sympathique était comme un souffle doux qui réchauffait mon cœur glacé. En l'écoutant, en la regardant je pensais à Suzanne et me demandais quelle serait l'attitude, quelle serait la conversation de celle-ci, si le hasard la mettait ainsi en tête à tête, dans une chaumière, avec un homme jeune, au milieu de circonstances jusqu'à un certain point romanesques. Aurait-elle cette simplicité de parole, cette pureté de maintien ? Et alors je me rappelais les soirées où elle venait exposer au feu ses pieds qui n'avaient pas froid, et où elle relevait si coquettement un pli de sa robe; je me rappelais aussi comment elle savait placer ses mains devant la flamme, de manière à faire valoir la fraîcheur de son sang rose.

Miss Clifton me ramena dans la réalité et, me tendant la main :

— A demain, mon sauveur, me dit-elle en souriant, et de bonne heure.

Ce qui distinguait notre manière de comprendre la guerre de celle de beaucoup de corps francs, c'était que quand nous avions paru dans un village, au lieu de nous en aller bien vite à deux ou trois lieues en arrière, nous nous portions aussitôt en avant : par là, nous préservions ces villages des retours de l'ennemi. Ce fut notre tactique du lendemain.

Mais tandis que notre compagnie s'avançait du côté d'Orléans, je prenais avec miss Clifton la route qui devait nous conduire à Lailly. Comme toujours, miss Clifton était à cheval et derrière elle venait sa voiture d'ambulance conduite par l'infirmier.

Quatre mois plus tôt, j'avais ainsi chevauché dans une lande déserte à côté d'une jeune fille, mais quelle différence entre le temps passé et le temps présent! quelle différence aussi entre ces deux femmes!

Une marche rapide nous amena bientôt aux avant-postes français, qui étaient occupés par les Vendéens. Leur camp était établi dans un jeune bois, sur le bord d'une petite rivière, et comme ils n'avaient point de tentes, ils s'étaient arrangés au hasard, comme ils avaient pu, sous des gourbis et des huttes en branchages. Au moment de notre arrivée, les hommes en bon ordre assistaient à la messe que disait un aumônier, sur un petit autel élevé au milieu du camp. Cela était saisissant; alors même qu'on n'était point religieux, on devait être frappé de ce qu'il y avait de touchant dans ce spectacle.

— Voilà qui est beau, me dit miss Clifton.

— Oui, au milieu des bois, à quelques pas de l'ennemi.

— Au milieu des bois, à quelques pas de l'ennemi, en Angleterre ou aux États-Unis, cela ne serait pas beau comme ici, en pleine France. Ce sont de braves gens qui obéissent à leurs croyances, sans craindre les moqueries; si j'étais catholique romaine, je voudrais prier avec eux.

La distance qui nous restait à parcourir pour atteindre Muides n'était que de quelques lieues; là je dus quitter miss Clifton qui, par le pont de Mer, pouvait traverser la Loire et rejoindre l'armée.

Le général qui occupait Muides me donna un ordre pour notre commandant, et aussitôt que mon cheval eut pris un peu de repos, je me mis en route pour rejoindre notre compagnie : je refis seul la route que je venais de parcourir avec miss Clifton, et, je l'avoue, le retour fut beaucoup moins agréable que ne l'avait été l'aller. Elle était vraiment charmante, cette jeune Anglaise, avec sa beauté originale, son caractère résolu, son esprit sérieux et enjoué. Quelle douceur dans ces grands yeux profonds !

— Nous sommes rappelés sur la rive droite de la Loire, me dit Homicourt en lisant l'ordre que je lui apportais ; il paraît que nous ne sommes plus utiles ici et que nous allons être remplacés par les troupes massées à Salbris. Si je comprends bien ce qui se prépare, nous sommes à la veille d'une bataille : les troupes de Salbris menacent Orléans au sud, les troupes de Gien à l'est, l'armée du général d'Aurelle à l'ouest ; si le mouvement est exécuté avec ensemble et si nos généraux veulent bien tous se lever matin, les Allemands sont enfermés dans un cercle. C'est décidément la tactique prussienne succédant à la tactique française : Napoléon, opérant ses concentrations de troupes avant la bataille, se jetait sur les ennemis et les mettait en morceaux comme le *coin* qui fait éclater l'arbre le plus dur ; de Moltke, opérant cette concentration pendant l'action, vous prend dans un *étau* qui se resserre pour vous broyer. Avec nos généraux qui commandent toujours et n'obéissent jamais, allons-nous obtenir les mêmes résultats que les Prussiens ? Mais, quoi qu'il arrive, le général d'Aurelle, pour avoir compris et voulu le mouvement qu'il tente, est un homme. Il y a plaisir de servir sous ses ordres, car pour moi je suis de ceux dont le courage est fait de confiance.

L'aspect de la rive droite de la Loire était de nature à reconforter les plus découragés ; au delà de Mer, il y avait une armée, une véritable armée, infanterie, artillerie, cavalerie, et non plus des troupes de partisans comme celles que nous venions de voir en Sologne. Ce n'étaient pas, il est vrai, des soldats aguerris tels que ceux qui, quelques mois auparavant, m'avaient rendu l'espérance aux environs de Metz; dans les régiments de mobiles on marchait d'une façon originale qui n'avait rien de militaire; dans la cavalerie, quand on prenait le trot, plus d'un homme se raccrochait à la crinière de son cheval pour n'être pas désarçonné, mais enfin c'étaient des soldats; de rien on avait fait quelque chose. Ceux qui en novembre ont vu une armée française sur les bords de la Loire n'oublieront jamais que cette armée a été organisée, encadrée, disciplinée par ce général d'Aurelle dès les premiers jours d'octobre.

De Mer, on nous envoya au delà de Josnes et nous traversâmes ainsi une bonne partie de l'armée; sur la fin de la journée, nous entendîmes une vive canonnade, c'était le combat de Vallière qui se livrait à quelques lieues de nous sur la lisière de la forêt de Marchenoir. Le cœur nous battait fort, à nous, comme à tous ceux que nous croisions. On s'interrogeait.

— A-t-on des nouvelles ?
— Est-ce une bataille ?

Et les réponses, comme toujours, contradictoires, redoublaient l'inquiétude au lieu de la calmer.

A mesure que nous avancions, cependant, les renseignements devenaient un peu moins vagues; l'affaire avait commencé le matin; à deux heures, elle avait pris de l'importance, les mitrailleuses avaient donné.

Mais le résultat? Personne n'en savait rien. Depuis la bataille d'Arthenay, c'était le premier combat sérieux. Comment nos jeunes soldats se comporteraient-ils au feu? Les angoisses étaient grandes et le canon nous résonnait au cœur. Cependant, à voir la tranquillité des troupes qui se trouvaient sur notre passage, on prenait espérance. Si on ne les faisait pas marcher au combat, c'est que l'affaire allait bien, et qu'on n'avait pas besoin de leur appui. Mais ces raisons qu'on se donnait pour se rassurer faisaient secouer la tête à ceux qui avaient déjà servi :

— Est-ce qu'à Forbach on a marché au canon ?

— Chacun pour soi ; ce sont toujours les mêmes généraux qui commandent.

Et de fait, nous venions de voir passer le général Cordebugle, qui à Sedan nous avait si adroitement perdus aux premières heures de la bataille.

Ce fut seulement dans la soirée qu'on apprit quelque chose de positif : les Bavarois et les Prussiens avaient été repoussés ; de notre côté on avait tenu solidement ; les mobiles de Loir-et-Cher étaient bravement restés sous les obus, et les généraux avaient marché au canon. Ce fut comme un vent d'espoir qui passa sur toute l'armée, réchauffa les cœurs et releva les têtes.

Avec son expérience des choses de la guerre, Homicourt ne s'exagéra point l'importance de ce combat.

— C'était une forte reconnaissance, nous dit-il ; à demain l'affaire.

Ce ne fut point pour le lendemain, mais pour le surlendemain ; et la journée du 8 novembre fut employée par nous à converger sur Orléans. Il y avait vraiment plaisir à voir marcher les troupes à travers champ sur une ligne de bataillons en colonne à distance de déploiement ; les éclaireurs de la cavalerie légère allaient en avant, puis venait une première ligne de tirailleurs, suivie d'une seconde appuyée par des réserves. Enfin arrivait l'infanterie avec son artillerie placée dans les intervalles des bataillons. On sentait une volonté, un commandement : que cela ressemblait peu à notre échauffourée de Sedan !

Le commandement on le retrouve le soir au bivouac : il y eut défense d'allumer d'autres feux que ceux des cuisines, et encore ceux-là durent-ils être cachés dans des trous. Habitués aux grandes flambées des armées françaises, les Allemands purent croire qu'ils n'avaient devant eux qu'une avantgarde, quand ils avaient, en réalité, toute l'armée de la Loire. Pouvaient-ils supposer, eux, vêtus de capotes, de sept ou huit tricots et de manteaux, que ces mobiles qu'ils savaient à peine couverts de vareuses ou de misérables blouses, étaient là dans la nuit fraîche, sur la terre humide, sans feu pour se chauffer, sans paille pour se coucher ?

Nous appartenions à la droite, on nous envoya le matin en reconnaissance sur les coteaux qui bordent la Loire. L'ennemi n'était nulle part, ou plutôt il était dans de bonnes positions choisies à l'avance, nous attendant; nous en eûmes la preuve en approchant d'une carrière où nous fûmes salués par une terrible fusillade. Comme nous n'étions pas de force à prendre une carrière avec les tirailleurs qui s'y trouvaient embusqués, il fallut se replier.

Alors, du haut d'une petite éminence qui dominait ce vaste pays, à peine accidenté de quelques mamelons jetés çà et là dans la plaine, nous eûmes un spectacle magnifique. A perte de vue s'avançait en ligne de bataille, dans un ordre parfait, l'armée française, infanterie, artillerie, cavalerie. Nous marchions à l'ennemi, nous prenions l'offensive, nous n'étions plus traqués, acculés, réduits à nous défendre tant bien que mal.

Nous nous étions arrêtés, et je suivais ce mouvement avec ma lorgnette quand Homicourt me frappa sur l'épaule.

— Ils manœuvrent, ils manœuvrent! oh! les braves gens.

Et c'était vrai! ces soldats d'un mois manœuvraient comme de vieilles troupes : une volonté avait indiqué un but, on y marchait, sinon au pas comme à la parade, au moins avec ensemble et avec élan.

En même temps que nous apercevions l'armée française s'avancer, nous voyions aussi de grandes lignes d'infanterie se mouvoir sur les lisières des bois du côté d'Orléans.

— Il n'y a que des Bavarois, dit l'un de nous, l'affaire ne sera pas chaude; ils sont si las de la guerre qu'ils ne demandent qu'à se rendre.

Le démenti à cette parole naïve ne tarda pas à arriver : le canon se fit entendre fortement autour d'un village que la carte indiquait sous le nom de Baccon; il n'était pas encore dix heures du matin.

Je n'en étais plus à ma première bataille, et ne me figurais plus que, depuis le premier coup de canon jusqu'au dernier, tous les soldats d'une armée devaient être engagés en même temps. Je n'eus donc pas d'impatience à rester dans l'inaction où nous nous trouvions placés. Notre tour viendrait.

La canonnade ne tarda pas à s'allonger et à s'étendre au loin dans le nord; sur une étendue de plusieurs lieues les détonations se succédaient sans relâche. C'était bien décidément une bataille qui était commencée.

Allions-nous reculer devant ces positions fortement défendues? Allions-nous les enlever? Avec quelle angoisse nous écoutions les détonations ! Avancions-nous, reculions-nous? Comme nos batteries changeaient de place à chaque instant, il était difficile de s'orienter.

Enfin Baccon fut enlevé, et la canonnade redoubla autour d'un village qui se trouvait en arrière, celui de Coulmiers. On avançait.

Nous avions quitté notre observatoire, et nous étions entrés dans la bataille : nous ne voyions plus aussi bien, mais nous entendions mieux, c'était une compensation.

Il y eut là une grande heure de lutte qui fut cruelle d'incertitude pour ceux qui comme nous n'y prenaient point une part active. Nos tirailleurs s'étaient emparés des jardins, mais les Allemands s'étaient retranchés dans le village et s'y défendaient avec avantage. Le combat durait et ne se décidait pas.

C'était beaucoup pour notre jeune armée d'avoir supporté le feu depuis dix heures du matin jusqu'à trois heures du soir. Mais il fallait plus encore. Le pourraient-elles?

Ce que j'avais vu du côté des Prussiens à Sedan se produisit du nôtre : le feu de notre artillerie redoubla ; c'était la réserve qui entrait en ligne. En une demi-heure, les batteries prussiennes et bavaroises furent éteintes.

Nos troupes voulurent reprendre leur mouvement; mais elles furent reçues par une terrible fusillade et par des décharges de mitraille qui les arrêtèrent. On vit des bataillons hésiter. Alors le général Barry, qui les commandait, descendit de cheval, et, marchant en tête, droit sur l'ennemi, il cria :

— En avant, les mobiles! vive la France!

Et ces mobiles, qui avaient un fusil dans les mains depuis trois mois à peine, s'élancèrent en avant. Le général s'aidait d'une canne pour marcher, et dans les fossés s'accrochait aux branches pour monter plus vite. C'étaient les mobiles de la Dordogne.

En les suivant des yeux, je me prenais à penser que ces régiments de mobiles, qu'on avait tant dédaignés du côté ennemi et du nôtre, étaient d'une composition bien meilleure qu'on ne le voulait croire. Dans leurs rangs tout le monde se trouvait mêle, le riche, le pauvre, l'instruit, l'ignorant, le citadin, le campagnard; c'était un ensemble, et un ensemble de gens du même pays ayant les mêmes idées, les mêmes croyances. Si quelques-uns se sauvaient, ce ne seraient point des soldats du 97° ou du 15° qui auraient failli, ce seraient des soldats de la Dordogne; en rentrant au pays ils seraient montrés au doigt par ceux de leurs camarades qui auraient tenu bon. C'est là une force, et le clocher parlera toujours plus fort au cœur que le drapeau.

Coulmiers emporté, les Allemands reculèrent encore, et leur défense se concentra vers le nord. Mais on pensait qu'ils allaient bientôt être obligés de se retirer en désordre, car on savait que notre cavalerie exécutait de ce côté un mouvement tournant. Bien mené, ce mouvement eût rejeté l'armée bavaroise sur le corps français qui arrivait de Gien à Chevilly; mais on sut plus tard que cette cavalerie s'était arrêtée parce qu'elle s'était vue menacée par une colonne d'infanterie. Or, cette infanterie était composée des francs-tireurs de Paris.

Au moment où Coulmiers avait été emporté, nous avions été envoyés dans les bois qui sont situés au delà de ce village, pour les fouiller. Ils n'étaient plus occupés. Partout l'ennemi s'était retiré, et notre artillerie le poursuivait dans sa retraite précipitée.

C'était bien décidément une victoire. Mais quelle

en était l'importance? La nuit ne permettait pas de l'apprécier.

Un paysan que nous rencontrâmes nous dit qu'il avait vu défiler dans la direction de la Beauce un grand convoi d'artillerie et de fourgons qui ne venaient pas d'Orléans.

— Quels sont ceux parmi vous dont les chevaux peuvent encore faire cinq lieues et peut-être dix s'il est nécessaire de se replier? demanda notre commandant.

Une vingtaine d'hommes se présentèrent. Je fus du nombre, et tandis que nos camarades retournaient vers Coulmiers, nous continuâmes en avant.

— De ce que ce paysan nous a appris, nous dit notre commandant, il paraît résulter que c'est le parc de Saint-Ay qui a été évacué; si les Allemands ont renoncé à défendre Saint-Ay, ils ont dû renoncer aussi à défendre Orléans. C'est ce que nous allons savoir; cela vaut la peine de courir l'aventure.

VII

Il tombait une pluie mêlée de neige qui rendait la route assez difficile ; la route était obscure, cependant nous avancions vite : le succès nous poussait en avant.

En approchant d'un chemin de traverse qui coupait la route que nous suivions, les hommes qui nous éclairaient se replièrent sur nous en disant qu'ils entendaient au loin un bruit de voitures dans ce chemin de traverse. C'était sans doute un convoi. Mais vingt hommes pour prendre un convoi c'est peu, alors surtout qu'on doit manœuvrer dans la nuit, sans savoir le nombre d'adversaires qu'on a devant soi.

Cet incident se fût présenté après une défaite, nous nous serions très-probablement retirés en arrière, mais c'était le soir d'une victoire.

— Vite, au débouché du chemin, commanda Homicourt, qu'on arrête la première voiture en se jetant à la tête des chevaux et qu'on la mette en travers. Huit hommes à la croisée des routes ; les autres le long du chemin, si l'escorte est forte on tiraillera, et l'on ne se retirera qu'à mon coup de sifflet ; alors au galop sur Coulmiers.

La manœuvre fut exécutée en quelques secondes : les hommes aiment toujours les aventures ; c'était drôle d'arrêter les voitures sur les grands chemins en restant d'honnêtes gens et en risquant la bataille.

En réalité nous n'eûmes rien à risquer que notre premier mouvement. La voiture qui marchait en tête du convoi mise en travers du chemin comme il avait été ordonné, ce ne fut pas une fusillade qui répondit à notre coup de main, mais une voix allemande qui criait sans arrêt :

— Ambulance ! ambulance !

— Attention, dit Homicourt.

— On va voir, mon commandant, n'ayez pas peur, mais il ne faut pas nous la laisser faire ; on les connaît les Allemands, chez eux tout est ambulance.

— Commande-lui d'apporter une lanterne, me dit Homicourt.

Je transmis en allemand cet ordre au Bavarois, mais déjà celui-ci avait sauté à bas de sa voiture, et, ayant allumé une allumette, il me montrait le brassard à croix rouge qu'il portait à son bras.

— Vous, c'est bien, mais les voitures ?
— Voitures, ambulances.
— Nous allons voir ça.

On prit les chevaux par la bride et l'on fit sortir les voitures du chemin de traverse pour les amener sur la route. C'étaient des chariots à quatre roues qui n'avaient en rien l'apparence de voitures d'ambulance ; il y en avait sept en tout.

— Ambulance, ambulance, répétait le Bavarois qui marchait près de nous.

Comme nous n'avions pas de lanterne et qu'il prétendait n'en avoir pas non plus, on prit quelques bottes de paille qui recouvraient l'une des voitures, et l'on en fit des torches. C'était, à n'en pas douter, un convoi de bagages. La forme des voitures, les inscriptions qu'on lisait dessus, tout l'indiquait ; cependant, comme le Bavarois ne cessait de me crier sur tous les tons, depuis la prière jusqu'à la menace, que c'était le mobilier d'une ambulance qu'il emportait, Homicourt, impatienté, ordonna d'ouvrir la première voiture, qui était fermée.

C'était bien réellement un mobilier, mais non celui d'une ambulance ; on eût dit une voiture de déménagements : il s'y trouvait des fauteuils, des robes, des rideaux, des tapis, des paquets de lingerie soigneusement confectionnés, comme ceux que les blanchisseuses rapportent chez leurs pratiques.

— Demande-lui d'où il vient, me dit Homicourt, où il va, enfin, fais-lui les questions nécessaires et avertis-le que, s'il ne répond pas franchement, je le fais fusiller tout de suite comme un voleur ; s'il répond, il sera simplement prisonnier.

Le Bavarois n'hésita pas entre les deux alternatives : il nous dit qu'il venait de Saint-Ay, qu'il avait voulu couper au court et qu'il s'était égaré.

— Orléans est-il évacué? demanda Homicourt.

Le Bavarois n'en savait rien, ou tout au moins refusait de répondre, ce qui pour nous revenait au même.

Pendant cet interrogatoire rapide, mes camarades avaient visité les autres chariots ; leur contenu était du même genre que celui de la première voiture ; seulement, au lieu d'objets de prix, on y voyait tout ce qui peut servir aux usages les plus divers : des lingots de plomb, du fil de fer, des lampes, des sabots, des ustensiles de cuisine, des vêtements, des caisses d'épicerie, des balles de café, un fût de vinaigre.

— Et cette pièce de calicot, c'est aussi pour l'ambulance?

— Et ces vieux casques en cuivre, c'est pour remplacer les bonnets de coton?

— Et cette layette d'enfant?

— Allons, messieurs, ne nous amusons pas, dit le commandant; six hommes pour conduire ces voitures et ces prisonniers à Coulmiers, et nous, en route!

— Laissez-moi aller, disait-il, ne me faites pas prisonnier, ça nuira à mon avancement.

Puis, voyant que ses prières ne me touchaient pas, il tourna sa colère contre les Prussiens.

— C'est toujours la même chose, dit-il en allemand: quand il y a à gagner, c'est le tour des Prussiens; quand il y a à perdre, c'est celui des Bavarois.

Je traduisis cette phrase à nos camarades, qui saluèrent le départ des prisonniers d'un long éclat de rire.

Ce coup de main nous avait pris un certain temps; mais il avait eu cet avantage de nous confirmer de plus en plus dans l'idée que les Allemands avaient évacué la contrée ; nos prisonniers devaient être les derniers.

Dans les quelques villages qui se trouvaient sur notre passage, on ne voyait personne : les maisons paraissaient abandonnées ; les portes, les fenêtres étaient closes ; point de lumière derrière les vitres, point de fumée au-dessus des cheminées. C'était à croire qu'on traversait le pays des morts.

Cependant, en approchant d'un hameau isolé, composé de quatre ou cinq maisons, le vent nous souffla au visage une odeur de cuisine.

— Ça sent le boudin.

— Alors, attention, il y a là des Prussiens.

On s'approcha avec précaution de la maison d'où partait ce parfum, mais elle n'était point occupée par des ennemis : il ne s'y trouvait que trois vieux paysans qui ne voulurent jamais ouvrir leur porte et se contentèrent de nous répondre par l'entre-bâillement d'une petite fenêtre.

— Avez-vous quitté votre maison aujourd'hui ?

— Pour sûr que non.

— Avez-vous vu passer des Bavarois ?

— Pour sûr que oui.

— Ont-ils évacué Orléans ?

— Il y en a de partis ; il y en a de restés.

— Où allaient ceux qui sont partis ?

— Du côté d'Arthenay et ils étaient pressés ; les chevaux, les voitures à pleine route.

— Alors il n'en reste plus à Orléans ?

Il en restait des milliers, il n'en restait plus un seul ; il nous fut impossible de nous reconnaître dans les réponses contradictoires des paysans, qui, d'ailleurs n'ayant pas été à Orléans, ne pouvaient pas savoir la vérité.

Nous étions partis des environs de Coulmiers à cinq heures du soir, il était neuf heures quand nous arrivâmes aux premières maisons du faubourg. Il tombait une pluie diluvienne. Personne sur les routes ; personne dans les maisons.

C'eût été de la folie d'entrer en cavalcade dans Orléans avec une armée de 14 hommes. Homicourt nous fit arrêter le long d'un grand mur et décida qu'il s'approcherait de la ville avec un seul homme. Il me fit l'honneur de me choisir.

— Si, dans deux heures, nous ne sommes pas revenus, dit-il à l'officier auquel il laissa le commandement de notre petite troupe, retournez, c'est que nous serons prisonniers ou tués.

J'étais resté à cheval.

— A pied, me dit-il, laisse ton sabre, ton mousqueton, ne garde que ton revolver.

Je fis comme il m'avait ordonné de faire, et

nous partîmes tous deux enveloppés dans nos manteaux.

— Tu sais, me dit-il, que si nous tombons dans quelque patrouille, tu te sauveras le premier.

— Tu es commandant.

— Chacun son tour ; je te dois un sauvetage, je veux te payer.

Mais, à mesure que nous avancions, il n'apparaissait pas que nous dussions courir de grands dangers. Pas de sentinelles, pas de postes, rien qui annonçât une ville occupée. Si les Bavarois étaient encore à Orléans, ils devaient être sur leurs gardes, après la bataille de la journée. Mais, d'un autre côté, s'ils n'y étaient plus, la ville ne devait pas avoir cet aspect morne. Comment ne s'y trouvait-il pas une maison ouverte à neuf heures et demie du soir ?

A travers des volets mal joints nous vîmes filtrer une lumière.

— Je frappe, me dit Homicourt ; il faut savoir quelque chose ; c'est trop bête de marcher ainsi dans une grande ville comme au milieu d'un bois.

Au lieu de nous répondre, on éteignit la lumière, et le faible bruit de voix qui nous arrivait à travers les fentes du volet cessa brusquement.

— Ouvrez, ouvrez, nous sommes des amis.

On se consulta un moment ; mais ni la porte ni le volet ne s'ouvrirent.

— On nous prend pour la police.

— Ou pour des voleurs.

Je frappai à mon tour et fortement, au risque de réveiller les voisins et d'appeler l'attention des patrouilles prussiennes, s'il s'en trouvait dans le quartier.

Enfin la fenêtre intérieure s'ouvrit, mais non le volet.

— Qui êtes-vous? demanda une voix d'homme.

— Des amis, des Français.

— Pourquoi frappez-vous? nous n'avons rien.

— Ouvrez donc votre volet, ou je l'enfonce, au nom de la loi !

Cette menace peu réfléchie produisit cependant de l'effet : le volet fut entrebâillé.

— Que demandez-vous?

— Où sont les Allemands?

— Partis.

A ce moment, une porte de l'intérieur s'ouvrit et une personne entra, portant une lumière, qui nous éclaira. On vit nos manteaux et nos képis.

— Des francs-tireurs ! Sauvez-vous, malheureux, vous nous perdez.

— Les Allemands sont partis, et ils ont perdu la bataille.

— Ils vont revenir.

— Ils sont en fuite.

— Ils reviendront, vous nous perdez.

Le volet nous fut jeté sur le nez, et ce fut tout ce qu'il nous fut possible d'obtenir. Homicourt se fâchait, mais les maisons brûlées lors de l'entrée des Prussiens à Orléans, après la défense de la ville, par la légion étrangère, étaient une excuse pour des cœurs timides.

L'emplacement de ces maisons détruites était resté vide, et l'on voyait encore les murailles noires qui disaient éloquemment comment les Prussiens traitent leurs ennemis. Ceux qui venaient de nous répondre avec si peu de courage respiraient peut-être encore l'odeur de l'incendie, et ils avaient peut-être payé cher le triste droit de n'avoir ni bravoure ni confiance.

Puisque les Allemands avaient décampé, nous n'avions plus besoin de marcher avec les précautions de deux voleurs. Cependant Homicourt, ne se sentant pas assez rassuré par les quelques mots de nos trembleurs pour risquer tous nos camarades, voulut pousser jusqu'au cœur de la ville.

Dans la ville c'était exactement la même chose

que dans le faubourg : toutes les maisons étaient closes, personne ne se rencontrait dans les rues, où d'ailleurs il pleuvait à seaux. Tout le monde avait-il émigré ou s'était-il caché dans les caves?

En arrivant aux abords du pont, nous fûmes arrêtés par un « Qui vive ! » qui nous stupéfia. Qui pouvait crier ce « qui vive » français à Orléans?

— Halte-là ! répéta la sentinelle.

Il n'y avait plus de doute possible, c'était bien un soldat français.

En effet, un bataillon de mobiles de la Dordogne venait d'entrer dans la ville avec le corps de Cathelineau. Pendant que la bataille se livrait sur la rive droite de la Loire, ils avaient suivi la rive gauche, et, ne trouvant pas d'ennemis devant eux, ils avaient passé le pont au moment où nous abordions si prudemment le faubourg par un côté opposé.

Il ne nous restait plus qu'à aller chercher nos camarades.

Le lendemain, la ville se réveilla rassurée et triomphante ; et quand, dans la matinée les pantalons rouges commencèrent à défiler devant la statue de la Pucelle, où quelques jours plus tôt venaient jouer les musiques bavaroises, il y eut une véritable joie d'enthousiasme.

C'était donc vrai, l'ennemi était battu, on était délivré... Vive la France !

Il y a du bon à souffrir pour la patrie ; on sent alors toute la force des liens par lesquels elle vous tient.

C'était beaucoup d'avoir battu les Bavarois et les Prussiens à Coulmiers, mais ce n'était pas tout ; l'armée de Frédéric-Charles avait quitté Metz le jour même de la capitulation, et elle était dirigée contre nous à marches forcées. Qu'allions-nous faire ? Allions-nous l'attendre ? Allions-nous, au contraire, poursuivre les Bavarois qui n'étaient pas anéantis et nous diriger sur Paris ?

C'était à ce parti que s'arrêtaient les esprits audacieux ou aventureux : on se lançait à travers la Beauce, on atteignait von der Thann, qu'on achevait ; on se jetait ensuite sur Frédéric-Charles, qu'on disloquait, et l'on se rabattait sur Paris, qui faisait sa grande sortie pour donner la main à l'armée de la Loire. C'était simple.

Simple de conception, peut-être, mais à coup sûr très-compliqué et très-difficile d'exécution.

Ceux qui adoptaient ce plan hardi raisonnaient chez eux, au coin du feu, en ne consultant que leurs cartes ; mais ceux qui l'étudiaient sur le terrain même, sans feu et dans la boue, trouvaient bien des objections à son exécution.

Après n'avoir pas cru pendant longtemps à l'armée de la Loire, on en était arrivé à y croire trop. Cette armée n'avait pas et ne pouvait pas avoir les qualités que les espérances patriotiques lui prêtaient.

On avait marché en ordre sur Coulmiers, cela était certain, mais on avait eu quelques lieues à peine à faire par un temps favorable, qui permettait aux hommes, à l'artillerie et aux convois de s'avancer à travers les champs. Maintenant il ne s'agissait plus d'une ou deux étapes, mais de longues marches à travers les plaines de la Beauce, détrempées par les pluies; les chevaux étaient en mauvais état, les harnais ne valaient rien; pour enlever une pièce de 12 embourbée, il fallait doubler les attelages, et, sous l'effort, les colliers, les traits cassaient. Alors, c'étaient des encombrements et des retards. On ne sait pas combien est collante la terre forte de la Beauce et quelle résistance elle oppose aux pieds, non-seulement des hommes, mais encore des chevaux. Les Prussiens marchent bien, disait-on, sans réfléchir que les Prussiens, avec un matériel beaucoup plus léger que le nôtre, mettaient six chevaux là où nous n'en mettions que quatre, et ces chevaux étaient excellents.

Pour risquer ce mouvement sur Paris, il fallait qu'il fût exécuté rapidement. Comment obtenir cette rapidité dans ces conditions? comment l'espérer avec nos hommes? Beaucoup de régiments de ligne n'avaient pas de capotes; les mobiles, pour la plupart, n'avaient que des vareuses et des pantalons de toile; et c'était avec cet équipement qu'il fallait marcher toute la journée, mouillé par la pluie, et coucher la nuit sous la petite tente étendu sur la terre liquide, sans une botte de paille; car, dans ce pays du blé, il n'y avait presque plus de paille; les Allemands avaient tout enlevé.

Après quelques jours de ces dures fatigues et des privations de toutes sortes qui les accompagnaient, la maladie s'était abattue sur tous ceux qui n'étaient point endurcis aux intempéries des saisons; sur les citadins, sur les ouvriers de l'industrie, les pleurésies, les fluxions de poitrine, sans compter la petite vérole qui frappait tout le monde, les forts et les faibles. Il fallait laisser les villages aux malades, qui étaient soignés à la grâce de Dieu.

On ne marcha donc pas en avant. Y eut-il des fautes commises, y eut-il des raisons stratégiques pour empêcher ce mouvement? je n'en sais rien; je dis ce que j'ai vu dans les premiers jours de novembre aux environs d'Orléans, et ce que j'ai vu c'était une impossibilité à marcher rapidement, si l'on voulait arriver en nombre.

On nous envoya aux avant-postes dans la forêt d'Orléans, du côté de Bellegarde, et pour nous recommença dans toute sa dureté le service d'éclaireurs. C'était de ce côté, c'est-à-dire par Montargis, qu'on attendait l'armée de Metz.

Mais pour moi ce service dura peu : un matin, Homicourt m'appela et brusquement me posa cette question :

— Veux-tu aller à Paris?

— Dame, comme toi, comme toute l'armée.

— Sérieusement, veux-tu aller à Paris tout seul?

— Vous quitter au moment de la bataille !

— Si c'est cela qui te retient, ta raison est mauvaise, car, dans ton voyage à Paris, tu risqueras cent fois ta tête contre nous dix, ici ; je t'assure que tenter d'entrer à Paris dans ce moment n'est pas une lâcheté.

— Qu'est-ce que je vais faire dans Paris?

— Tu vas voir la route, que tu examineras bien, de manière à me donner les renseignements que je t'indiquerai, et, en outre, tu vas porter des dépêches. Si tu entres à Paris et que tu n'en puisse pas ressortir, tu m'enverras mes renseignements par ballon. Si, au contraire, tu ne peux pas y entrer, tu viendras nous rejoindre et tu me donneras ces renseignements de vive voix, ou mieux, tu nous serviras de guide. La mission que je te propose exige du coup d'œil, du sang-froid et de l'adresse ; en veux-tu ? Bien entendu, je ne parle pas du sacrifice de ta peau, cela va de soi.

Bien qu'il m'en coûtât de quitter mes camarades, je n'hésitai pas plus longtemps.

— Donne ma feuille de route.

— On te la donnera à Tours, par où tu dois passer d'abord.

Homicourt trouvait qu'il y avait assez de corps francs à l'armée de la Loire, et qu'il n'y en avait point assez, au contraire, aux alentours de Paris, où ils pourraient, avec un peu d'adresse et de résolution, faire le plus grand mal aux Prussiens. Mais, avant d'aller se mettre ainsi sous la main de l'ennemi, il voulait savoir si son idée avait pour elle quelques chances de succès, et c'étaient ces chances qu'il me chargeait d'étudier en passant. Qu'on pût détruire le pont de Villeneuve-Saint-Georges; qu'on arrêtât chaque jour la poste de campagne; qu'on coupât partout les fils télégraphiques, et les Allemands dans leurs mouvements autour de Paris seraient bien embarassés.

VIII

Ceux qui avaient vu Tours le 1ᵉʳ novembre et qui le revoyaient le 13, le reconnaissaient difficilement. Entre ces deux dates, il s'était passé un grand fait, qui avait changé bient des sentiments et bien des physionomies.

On avait gagné la bataille.

Qui ça? on?

Si l'impatience vous prenait en entendant ce « on » et vous poussait à dire que ce « on » était quelqu'un, le général d'Aurelle de Paladines, vous étiez bombardé de tous côtés d'exclamations et de plaisanteries.

— Ah ! oui, d'Aurelle, un homme qui marche en deux morceaux, un général de 67 ans qui ne parle que de précautions. Il a toujours quelque chose à demander, des capotes, des couvertures, des vivres, des munitions. Est-ce que le bataillon de la Moselle en avait, des capotes et des couvertures ? Est-ce que nous fabriquons comme nous voulons les munitions ?

— Eh bien ! et lui, peut-il aller au feu sans munitions ?

— On arrangera tout cela ; nous sommes en relations directes avec les différents chefs de corps. Les Allemands ont pris peur à Versailles, ils commencent à déménager ; nous avons des renseignements positifs ; Bismarck a commandé des caisses d'emballage à un menuisier.

— Et Frédéric-Charles ?

— Son armée est exténuée ; il n'a que de la landwher, et le temps est à la fin pour nous ; « le ciel lui-même a cessé d'être clément pour nos adversaires. »

— Je connais cette phrase ; ça ne vaut rien dans un discours, et dans la réalité ce n'est pas exact. Vous vous figurez donc qu'il y a une pluie patriotique et française qui ne tombe que sur les Allemands ; vous vous figurez donc que, quand il fait froid dans une plaine, le froid n'est dur à supporter que dans la partie droite de la plaine, là où sont les Allemands, et qu'il ne se fait pas sentir dans la partie gauche, là où sont les Français? Eh bien, c'est précisément le contraire qui est la vérité : quand il pleut, les Français sont plus mouillés que les Allemands; quand il gèle, les Français ont plus froid que les Allemands, attendu que les Allemands ont des vêtements et des couvertures que les Français n'ont pas; de plus, les Allemands, qui ne craignent pas de chasser les habitants de chez eux, couchent dans des maisons, tandis que les Français couchent dans la boue et sous la pluie. Allez passer quelques jours seulement dans la Beauce, n'ayant pour tout vêtement qu'un pantalon et une vareuse, sans guêtres, sans sacs, sans effets de campement, enfermant dans une *musette* de toile votre linge, votre nourriture et vos cartouches, tandis que vous portez, suspendus autour du cou avec une ficelle, les biscuits qui vous auront été distribués pour quatre jours, et vous verrez, en mangeant le soir ces biscuits émiettés par les chocs, mouillés par la pluie, si le temps est bon pour nous. Restez une nuit, une seule, au bivouac avec une vareuse mouillée sur le dos, dormant sur une pierre, la tête appuyée dans les mains, parce qu'il est impossible de se coucher sur la terre délayée, et vous verrez si le ciel, cessant d'être clément pour nos adversaires, l'est devenu pour nous.

Alors ceux qui vous laissaient aller jusqu'au bout haussaient les épaules et vous disaient avec pitié :

— Quelle triste génération nous devons à l'empire! il n'y a même pas de courage en France.

Je ne connaissais plus le fonctionnaire auquel Homicourt m'adressait; je me présentai à lui, ma lettre à la main. J'étais en uniforme, le képi sur la tête, les éperons aux bottes.

Il lut ma lettre en me toisant.

— Vous voulez donc aller à Paris? Vous vous nommez ?

— Goscelin d'Arondel.

— Le commandant Homicourt ne donne pas votre nom; il me dit seulement que le porteur de cette lettre est un homme sûr et résolu, qui veut tenter d'entrer à Paris.

— C'est que mon nom n'a rien à faire en ceci, il me semble; ce n'est pas un nom qui entrera à Paris, c'est un homme.

— Et vous êtes cet homme ?

— Je tâcherai de l'être.

Ce monsieur peu accueillant, qui m'interrogeait

brièvement, me plaisait ; il n'y avait pas de chaises dans son bureau pour les visiteurs, et les papiers, fraîchement écrits, éparpillés çà et là, indiquaient qu'on faisait dans ce bureau plus de besogne que de bruit. Il n'avait pas déjeuné ; il profita de notre conversation pour manger un petit pain de deux sous, avec une tablette de chocolat.

— Vous savez, dit-il, qu'on ne pénètre pas en ce moment dans Paris comme dans Tours? De tous les messagers envoyés par nous, trois ou quatre seulement ont pu franchir les lignes prussiennes ; et encore, depuis trois semaines, pas un seul n'est arrivé.

— Voulez-vous me décourager ?

— Les chances sont celles-ci : sur vingt, vous en avez six d'être fusillé comme espion, depuis Chartres jusqu'aux lignes d'investissement; en traversant les lignes vous en avez huit d'être pris ou tué par les Allemands.

— Six et huit font quatorze, il en reste donc six de mon côté; c'est beaucoup.

— Non, car les lignes ennemies franchies, vous avez encore cinq chances d'être tué par les avant-postes français.

— Alors, j'ai une chance pour moi, si votre calcul est juste.

— Il l'est.

— Je n'en doute pas ; la seule chose qui m'étonne, c'est qu'avec une pareille table de proportion vous avez trouvé des messagers.

— Alors, vous renoncez ?

— Mais non, j'attends vos instructions.

— On ne pourra vous les donner que ce soir ; en attendant, je vais vous indiquer sur une carte la route que vous pourrez suivre avec certitude de trouver des guides pour vous conduire. Bien entendu, n'est-ce pas, vous ne comptez pas faire votre expédition avec cet uniforme ? Le meilleur costume, en ce temps où personne ne voyage, est celui d'un conducteur de bestiaux ; ce sont les seuls gens à peu près qu'on rencontre sur les routes : une blouse, une casquette, des grosses bottes, pour arme un bâton. Je ne puis rien vous dire quant à la façon dont vous pourrez traverser les lignes du grand-duc de Mecklembourg ; ces lignes changent chaque jour de place, et vous pouvez très-bien ne pas rencontrer d'Allemands d'ici Chartres. Si vous êtes arrêté par des patrouilles, vous vous en tirerez comme vous pourrez, en disant que vous allez dans une commune voisine, par exemple, acheter des bestiaux.

— Je connais le pays et peux facilement trouver

de bons prétextes, j'ai habité les bords de la rivière d'Eure.

— De Chartres vous ne prenez pas la route de Paris, mais un chemin vicinal par Coltainville et Gallardon qui vous amène à Ablis. Si vous êtes parti le matin de Chartres, vous pouvez arriver à Ablis de bonne heure; vous ne vous y arrêterez pas et vous pousserez par la grande route jusqu'à Saint-Arnould, où vous ne devrez entrer qu'à la nuit; vous frapperez à la première grande porte qui se trouve après une maison, chez Sauret, marchand de volailles : on vous reçoit et on vous loge. Le lendemain on vous conduit à travers la forêt de Rambouillet par la Celle, les Bordes et Cernay-la-Ville dans un petit hameau des environs de Chevreuse, chez Cardos, marchand de chaussures, où vous couchez encore. — Vous retiendrez les noms, n'est-ce pas, car vous ne pouvez les écrire.

— Je comprends.

— De ce hameau on vous conduira le lendemain par Villeneuve, Châteaufort et Toussus jusqu'à Buc, où l'on vous quittera. A vous de vous tirer d'affaire jusqu'à Paris. Vous savez nager ?

— Oui.

— Alors une bonne route est la Seine; tâchez de descendre à Sèvres pendant la nuit, traversez la rivière à la nage ; mais ne vous faites pas fusiller par les sentinelles françaises, qui veillent mieux qu'on ne le croit. Maintenant, je dois vous prévenir qu'on raconte que les Prussiens ont établi, à une petite distance de la terre, des fils de fer avec des sonnettes, mais je ne sais si cela est vrai. Ce qui est certain, par exemple, c'est que leurs sentinelles font bonne garde.

J'employai ma journée à me procurer le costume d'un conducteur de bestiaux ; je fis couper ma barbe et priai le coiffeur de me faire une tête de paysan : des favoris courts avec des accroche-cœur. Le plus désagréable de ce travestissement fut de me coiffer d'un bonnet de loutre que le fripier m'affirmait être presque neuf, mais qui avait dû servir à plusieurs générations. Avec ce bonnet, ma blouse déteinte, une chemise de grosse toile, des bottes huilées, une grosse montre d'argent en forme de bassinoire ; surtout avec la démarche lente et hésitante, la pipe à la bouche et le bâton à la main, je trouvai que je ressemblais à un marchand de veaux ou de porcs, d'une façon humiliante.

Bien qu'il soit naturel de voir de l'or dans la ceinture de ces honorables commerçants, je pris mes précautions pour le cas où je serais dévalisé, et je fis coudre à mon gilet et à mon pantalon des boutons dont le moule en bois était remplacé par des louis recouverts d'étoffe : six boutons à mon gilet, huit à mon pantalon, cela me faisait 280 fr.

Cela fait, je revins chercher les instructions qu'on devait me donner : elles étaient prêtes. Je m'attendais à un paquet de dépêches comme ceux que portent les facteurs, et me demandais où je pourrais le cacher; je fus surpris de ne voir que deux petits rouleaux de papier qui pouvaient tenir dans le tuyau d'une plume. C'étaient des dépêches photomicroscopiques obtenues par le procédé d'Almeida.

— Elles sont en double exemplaire. S'il arrive quelque chose à l'un, tâchez de préserver l'autre ; bien que ces dépêches soient chiffrées, il serait mauvais qu'elles tombassent dans les mains de l'ennemi. Si vous êtes pris, il faudra donc les détruire.

Il était assez facile de cacher ces deux petits rouleaux; cependant, comme je pouvais être fouillé avec soin, je cherchai deux cachettes distinctes qui me permissent d'en garder au moins un sur deux.

Je développai un cigare, et après avoir placé ma dépêche au milieu des feuilles de tabac, je le roulai de nouveau dans sa forme primitive : c'était un cigare fatigué, mais pour les yeux les plus défiants, ce n'était qu'un cigare.

Où cacher la seconde? J'avais entendu raconter l'histoire d'un officier qui avait apporté une dépêche de Metz dans une fausse dent; mais ce moyen n'était point à ma portée, car j'avais toutes mes dents, et le temps me manquait pour m'en faire arracher une que je remplacerais par une boîte à lettre. En passant devant la boutique d'un marchand de couleurs, la vue de petits tubes en plomb dans lesquels on enferme les couleurs pour les peintres, me suggéra une idée. J'achetai un de ces tubes, j'y mis ma dépêche, je le refermai hermétiquement et l'introduisis à force dans un trou que je fis faire au talon d'une de mes bottes; je le bouchai avec un morceau de brai. Si les Prussiens le découvraient là, ils auraient de la chance.

J'avais attentivement écouté les instructions qui m'avaient été données pour mon itinéraire; mais j'étais décidé à ne pas les suivre, au moins à leur point initial. Partir de Chartres, c'était bon quinze jours ou un mois auparavant; mais maintenant que Chartres était le pivot sur lequel manœuvraient de différents côtés le duc de Mecklembourg et le général Wittich, c'était se jeter dans la main de l'ennemi et se faire prendre presque sûrement comme espion.

Je choisis donc la route du Mans, décidé à aller aussi loin que possible en chemin de fer du côté de Courtigis. Arrivé dans mon village, je trouverais des paysans ou des braconniers pour me conduire et me mettre dans la ligne qui m'avait été indiquée.

J'employai mon temps en chemin de fer à me renseigner sur ma nouvelle profession : combien les cochons? combien les moutons? combien les vaches? Et les veaux, est-ce qu'ils sont chers dans le pays d'ici?

Jusqu'aux environs de Courtigis je voyageai sans encombre, mais au milieu d'un terrible désarroi : on attendait d'un moment à l'autre l'arrivée des Prussiens, et l'on perdait la tête. Ce n'était plus ici comme sur les bords de la Loire, où l'on se sentait protégé par une vraie armée, car l'Ouest n'était occupé que par quelques bataillons de gardes nationaux mobiles qui se trouvaient dans un pitoyable état. Pour des gens de cœur, c'était une terrible situation que de commander ces malheureuses troupes : on ne voulait pas reculer honteusement, on ne pouvait pas résister sérieusement; on tentait alors des petites défenses partielles qui n'avaient pour résultat que de faire tuer des hommes et ruiner des villages.

Comme j'approchais de Courtigis, je tombai dans un petit détachement de cavalerie prussienne, qui m'arrêta. Je répondis sans me troubler que j'allais à Courtigis, qui était le village qu'on apercevait à deux kilomètres sur le bord de la rivière.

—Vous êtes de Courtigis? me demanda l'officier qui commandait le détachement.

— Je vais voir à Courtigis mon ancien maître.

— Il se nomme?

— Chaufour.

— Qui êtes-vous?

— Un conducteur de bestiaux, de passage dans le pays.

Il devait y avoir dans mon déguisement quelque chose qui n'était pas correct, car l'officier n'eut pas confiance dans ce que je lui disais et ne me laissa pas continuer ma route comme je l'espérais.

— On va vous accompagner chez ce Chaufour, dit-il; si vous avez menti, vous serez fusillé.

Je marchai entre deux lanciers, assez rassuré, car j'avais dit la vérité, mais d'un autre côté me demandant avec une certaine inquiétude comment le petit père Chaufour allait m'accueillir avec mon costume de marchand de cochons : un mouvement de surprise de sa part pouvait me compromettre et même me perdre.

— Que fait-il, ce Chaufour? continua l'officier.

— Il ne fait rien.

— Vous avez été domestique chez lui?

— J'ai été son élève au temps où il était professeur, et comme nous n'avons pas de lettres de lui depuis plusieurs semaines, je viens savoir des nouvelles de sa santé en passant, parce qu'on dit qu'on s'est battu à Courtigis et qu'on a brûlé des maisons.

— On a fait un exemple, dit sentencieusement l'officier.

Puis, me regardant avec dédain.

— Vous avez eu un professeur, vous?

— Mais oui, autrefois.

— Cela va être vérifié : votre nom ?

Je dis mon nom.

— Vous nous arrêterez devant la maison de ce Chaufour.

Nous n'avions plus que quelques pas à parcourir. Je pensais qu'en entrant je pourrais faire un signe à mon ancien précepteur ; mais l'officier ne me laissa pas le suivre, et il pénétra seul dans la maison. Cette façon de procéder m'inquiéta : si l'officier demandait au père Chaufour : — « Avez-vous un élève nommé Louis d'Arondel? — c'était parfait. » La réponse devait détruire les soupçons

de l'officier; mais au contraire s'il demandait :
— « Avez-vous eu pour élève un marchand de bestiaux nommé Louis d'Arondel? » M. Chaufour pouvait laisser paraître une surprise qui me compromettait gravement. C'était une chance.

Elle me fut favorable; au bout de quelques minutes l'officier ressortit suivi de M. Chaufour.

— C'est bien, dit-il, vous n'aviez pas menti.

Mais sur le seuil de sa porte, le petit père Chaufour ouvrait les yeux et regardait sans me voir. C'était le moment critique.

— Vous êtes donc vivant, mon bon monsieur Chaufour?

Et après l'avoir ainsi prévenu, j'allai à lui. Quant à l'officier, il nous quitta après nous avoir regardés l'un et l'autre avec étonnement. Bien certainement, il se demandait comment un savant distingué tel que le père Chaufour (les Allemands se connaissent en savants) avait pu accepter pour élève une brute comme moi.

— Que vous a dit l'officier? demandai-je quand la porte fut refermée.

— Il est entré dans ma bibliothèque, et, me voyant entouré de livres : — Vraiment professeur? a-t-il dit. — Oui, monsieur, ai-je répondu interloqué.

— Vous avez eu un élève nommé Louis d'Arondel? En entendant votre nom, j'ai eu une émotion, croyant qu'on venait m'apprendre votre mort. —Oui, Monsieur.—Très-bien, il est là. C'était vrai. Je le suivis sans rien comprendre à ses paroles.

— Maintenant, mon cher maître, comprenez que cet officier, à qui j'ai dit que j'étais conducteur de bestiaux, et votre élève, est en train de bâtir un raisonnement profond, basé sur l'expérience, pour démontrer à la docte Allemagne que les Français de ce temps-ci sont absolument réfractaires à l'éducation, et, pour preuves, il citera l'exemple d'un conducteur de bestiaux qu'il a arrêté pendant la guerre; lequel conducteur de bestiaux avait eu pour maître le professeur Chaufour, savant renommé, qui n'avait su faire de son élève qu'une véritable brute. Allons, cher maître, n'est-ce pas que vous rirez en lisant cela développé dans un style grave et rogue?

— Enfin, que signifie ce déguisement?

—Que je suis envoyé à Paris, et que, si je voulais faire la route dans une berline, on m'arrêterait.

— A Paris! vous allez vous faire fusiller.

— Mais non; vous voyez bien qu'on ne fusille pas tous ceux qu'on arrête.

— Comment comptez-vous aller à Paris?

Je lui dis alors l'itinéraire que je devais suivre

et lui demandai quel habitant de Courtigis il me conseillait de prendre pour guide : il me fallait un homme sûr et qui connût bien les chemins jusqu'au-delà de Rambouillet.

— Je trouve cet itinéraire dangereux, par cette seule raison que d'autres l'ont suivi avant vous ; il peut être connu des Prussiens, qui font bonne garde et ont partout des espions ; j'aimerais mieux un moyen neuf.

— Moi aussi, mais, n'en ayant pas, je prends ce qui se présente.

— Peut-être est-il possible de trouver mieux ; et je crois que je puis vous faire entrer à Versailles sans que vous ayez rien à craindre des Prussiens, rien que leurs remercîments.

— Je vous écoute, mon cher maître, et, si la géographie fait ce miracle, c'est une grande science.

— Ce n'est pas la géographie, hélas ! qu'il faut mettre en jeu, mais l'intrigue.

IX

— Vous savez, me dit M. Chaufour, ou plutôt vous ne savez pas, que l'investissement de Paris a donné naissance, dans nos contrées, à une industrie nouvelle, — celle des fournisseurs de l'armée allemande.

— Il y a des gens ici qui consentent à faire commerce avec nos ennemis ?

— Ici, hélas ! et ailleurs, cela est triste à dire, mais cela est vrai et j'espère bien que cette vérité sera connue un jour. Trois cent mille hommes à nourrir et cinquante mille chevaux, c'est une grosse affaire; si les Allemands avaient été obligés dé tirer d'Allemagne leurs approvisionnements en pain, en viande, en liquides, en fourrages, ils seraient tous morts de faim depuis longtemps, car c'est à peine si les chemins de fer, qu'ils exploitent cependant avec une grande activité, peuvent suffire au transport de leurs munitions.

— Et ce qu'ils appellent leurs « colonnes d'approvisionnement, » qui vont partout faire des réquisitions ?

— Les colonnes d'approvisionnement exigent du monde, et les Allemands n'ont pas trop d'hommes en ce moment pour la guerre active. Ils ont donc un autre système : c'est d'acheter et de bien payer ce qui leur est nécessaire. Quand on veut acheter, on trouve toujours des vendeurs. C'est ce qui est malheureusement arrivé : des paysans, soit qu'ils n'eussent pas conscience du crime patriotique qu'ils commettaient, soient qu'ils fussent entraînés par l'ardeur du gain, se sont faits les fournisseurs des Allemands, pour lesquels ils accaparent tout ce qui se trouve dans un certain rayon de Versailles. Nous autres, ici, depuis que nous sommes occupés par les Allemands, nous manquons de tout : je me couche avec le jour, parce que nous n'avons plus ni huile, ni chandelles ; je ne prends plus mon café, parce que le sucre vaut dix francs la livre. Ceci, bien entendu, n'est pas pour me plaindre, mais pour vous montrer par un fait la situation du pays, qui est complétement à sec de toutes les denrées alimentaires, aussi bien pour les gens que pour les bêtes : avoine, blé, foin, beurre, vaches, volailles, moutons, œufs, sel, tout est enlevé pour Versailles.

— Vous voulez que je me fasse un de ces fournisseurs?

— Non, mais je crois que vous pourriez entrer au service d'un de ces commerçants indignes et faire pour lui un voyage à Versailles; cela vous mettrait au cœur de la place avec toutes facilités d'y rester jusqu'au moment favorable à votre entreprise.

— Et quel est ce commerçant, ou plus justement ce brigand?

— Le maire du Rottoir, une petite commune à sept lieues d'ici; il fait des affaires considérables avec Versailles et il ne trouve pas assez de monde pour accompagner ses troupeaux de moutons, car tout le monde ne veut pas faire ce métier-là. C'est le beau-frère de Parent, qui a été autrefois votre fermier; et Parent est assez bon patriote pour s'employer activement à vous servir : son beau-frère est son chagrin et sa honte.

Le père Parent voulut bien se mettre tout de suite à ma disposition et ne me demanda que le temps de remplacer ses sabots par des bottes.

— C'est bien malheureux pour moi, me dit-il en marchant, que mon beau-frère se soit fait comme ça l'ami des Prussiens; mais que voulez-vous, c'est un homme qui a toujours mis l'argent au-dessus de tout. Et puis, ils lui ont fait peur : ils sont venus chez lui disant qu'ils allaient réquisitionner ses chevaux et ses récoltes; pensez donc, quarante chevaux et plus de trois cent mille francs de blé et d'avoine ! Alors, plutôt que de les laisser prendre, il a mieux aimé les vendre, et de fil en aiguille, après avoir vendu le sien, il a acheté aux autres. Il a tous les jours dix grandes voitures qui vont à Versailles et chaque matin il fait partir une troupe de 1,000 à 1,200 moutons.

— Et où trouve-t-il tous ces moutons ?

— Partout; il a des courtiers qui les ramassent. Quand on a affaire à des gens qui ne veulent pas vendre, on les force.

— Comment cela ?

— C'est bien simple, et c'est ce qu'ils ont fait pour moi. Je n'avais pas voulu vendre mon troupeau. Le lendemain, celui à qui je l'avais refusé est revenu.

— Me donnez-vous vos moutons? qu'il me dit.

— Non, pas plus aujourd'hui qu'hier.

— Alors on va vous les prendre. Voilà les *pointus* qui viennent les chercher.

Et il m'a montré les casques des Prussiens qu'on voyait briller dans le bois de Colombes. Je savais bien que c'était vrai; si j'avais refusé, les Prussiens seraient venus et auraient emmené le troupeau, parce que ce mauvais gredin m'avait dénoncé. Il m'a payé dix francs des moutons qui en valaient quarante, et il les a revendus cinquante francs à Versailles. Quand il y a tant d'argent à gagner, ça déroute les consciences, voyez-vous.

— Il fallait vous sauver avec votre troupeau.

— Et où se sauver? Les Prussiens avancent toujours; ça mange, les moutons; comment les nourrir en chemin, l'hiver? Et puis, pour se sauver, il faut quitter la maison. Je sais bien que le gouvernement a dit qu'il fallait se retirer devant les Prussiens; mais comment voulez-vous que tout le pays depuis Versailles se retire? Où voulez-vous qu'il aille? On dit que les Prussiens sont bientôt au Mans; il ne faut demander que le possible, et ça franchement, ça ne se peut pas; car enfin, si nous nous en allons dans le Perche, nous nourriront-ils, les gens du Perche? et quand du Perche il faudra passer dans le Maine, qu'est-ce qu'ils feront de nous les gens du Maine ? Tout ça c'est bien malheureux, et l'on voit bien aujourd'hui que ceux qui disaient qu'il ne fallait pas voter « Oui » avaient raison; mais vous savez, le paysan se défie; on voyait des gens (sans nommer personne) qui ne voulaient pas de l'empereur; alors, rien que pour cela on en voulait; on ne sait pas, on raisonne et on se trompe; ah! si on savait; mais voilà, ceux qui savent trouvent que c'est bon pour eux et que ça ne vaut rien pour les autres.

Le père Parent marchait de ce grand pas des paysans qui, malgré son apparence fatiguée, fait sa lieue en trois quarts d'heure : les villages, les champs, les bois disparaissaient derrière nous. L'aspect de la plaine était lugubre; on ne voyait pas un être vivant, et les champs n'étaient ni labourés, ni ensemencés : çà et là seulement au haut d'un chemin on apercevait la silhouette de trois uhlans qui se profilaient en noir sur le ciel pâle d'hiver; dans les villages, les hommes causaient sur le pas des portes ou bien fendaient du bois. Il n'y avait pas de travail et l'on attendait. Cela ne ressemblait en rien à l'inquiétude et à l'impatience des villes; c'était la placidité résignée du campagnard pendant l'orage : on tendait le dos, ça finirait peut-être un jour.

Il faisait nuit quand nous arrivâmes au Rottoir; mais on n'était pas couché chez le beau-frère de Parent.

— Viens-tu me vendre tes moutons? dit celui-ci en nous voyant entrer.

— Mes moutons, je les ai vendus dix francs pièce.

— Je te les aurais payés quarante francs.

— Je le sais bien, mais chacun ses idées : j'aime mieux les avoir livrés de force pour dix francs que de les avoir donnés de bonne volonté pour quarante.

— Comme tu dis, chacun ses idées.

— Je viens pour une affaire dont je te parlerai quand nous serons seuls; et puis, par l'occasion, je t'amène ce garçon-là; si tu peux le prendre pour conduire tes moutons, ça l'obligera, car par chez eux on n'est pas heureux.

Mon affaire ainsi présentée fut vite conclue et il fut convenu que je conduirais dès le lendemain un troupeau à Versailles. On m'envoya à la table des gens de service pour souper avec eux, et, le repas fini, j'allai me coucher dans la bergerie, à côté du domestique que je devais accompagner.

Nous partîmes avant le jour; ce fut une heureuse chance pour moi, car j'étais bien embarrassé de mon nouveau métier. Comment conduit-on des moutons? que faut-il faire, que faut-il dire pour qu'ils prennent la route que nous voulons ?

Mon compagnon commanda pour moi, et, grâce à deux chiens qui flanquaient le troupeau à droite et à gauche, je vis bientôt que je n'avais rien à faire.

— Si, à Versailles on divise le troupeau en deux, vous en prendrez un et moi l'autre ; auparavant je les conduisais successivement, mais ça prend trop de temps, et puis on me volait des moutons : vicieux qu'ils sont les Prussiens, avec leur figure qui rit toujours.

J'espérais faire causer cet homme, qui depuis deux mois allait trois fois par semaine à Versailles, mais je n'en pus rien tirer, car pour faire causer les gens il faut qu'ils aient vu quelque chose, et le nombre de ceux qui savent voir n'est pas grand.

— Avant, me dit-il, on allait à Sceaux ou à Poissy ; après on a été à la Villette ; maintenant on va à Versailles.

Pour lui, toute l'histoire de ces derniers temps tenait dans ces trois phases du commerce des bestiaux. Cependant il eut une réflexion qui me montra que, sous cette âme épaisse, il y avait encore quelques sentiments.

— Quand on pense, dit-il, que ces malheureux Parisiens en sont à la ration de cheval, ça fait « deuil » de conduire ces moutons aux Prussiens. Hein ! si nous pouvions entrer à Paris avec notre troupeau, je crois bien qu'on nous ferait une fête comme pour le bœuf gras.

Avec des gens de cette espèce, les conversations heureusement ne vont pas loin ; mon compagnon alluma sa pipe, et la route se fit en silence. J'aurais souffert que, par quelques propos, il troublât mes douloureuses réflexions. Chaque pas que nous faisions en avant nous montrait plus triste la désolation du pays : pas d'habitants, quelques femmes seulement dans les villages, qui nous menaçaient de la main, et nous auraient insultés si leurs bouches n'avaient point été closes par la terreur. Mais leurs yeux parlaient, et du doigt elles nous montraient à leurs enfants en leur disant sans doute tout bas ce qu'elles n'osaient dire tout haut.

Ce qu'il y avait de désolant encore dans la traversée des villages, c'était de voir le caractère qu'avait pris l'occupation : ce n'était pas seulement l'armée prussienne qui pesait sur nous, c'était encore l'administration prussienne qui nous gouvernait. Sur des affiches placardées dans tous les villages, on lisait : « *Le préfet de Seine-et-Oise, comte de*

Brauchitsch ; » la puissance militaire, on s'y soumet quand on ne peut plus résister, mais cette administration civile qui venait s'implanter chez nous à la suite de la conquête avait quelque chose d'exaspérant.

J'avais pris auprès de mon compagnon des renseignements sur les obstacles qui pouvaient s'opposer à mon entrée à Versailles ; il m'avait rassuré en me disant qu'on ne nous demanderait des papiers qu'à la barrière et que, comme il était bien connu, on me laisserait passer avec lui.

Les choses s'exécutèrent en effet telles qu'il me les avait annoncées, et trois jours après avoir quitté Tours, je défilais sur la place d'Armes, couverte d'artillerie prussienne ; devant moi marchait mon troupeau de moutons, et j'avais dans ma poche un permis pour me faire délivrer à la *commandature* un laisser-passer. Pour mon entrée en campagne, ce n'était pas trop mal ; il est vrai que la partie difficile et dangereuse de ma tâche n'était point commencée.

Lorsque nous nous fûmes débarrassés de nos moutons, mon compagnon m'annonça qu'il fallait se remettre en route pour aller en chercher d'autres au Rottoir. C'était là que je l'attendais, et j'avais d'avance préparé une histoire : puisqu'on gagnait tant avec les Prussiens, je voulais essayer de faire le commerce pour moi ; j'avais un peu d'argent ; en achetant et en revendant directement, cela vaudrait mieux que de travailler pour les autres.

— Vous avez de l'argent, me dit-il, et vous voulez faire ce métier-là? eh bien ! mettez que vous ne m'avez pas connu ; moi si j'avais cinquante francs dans ma poche, je vivrais avec et ne travaillerais pas pour les Prussiens.

Je lui tendis la main, touché de ce bon mouvement ; il ne la prit pas et me tourna le dos après m'avoir regardé avec pitié.

Me voilà donc à Versailles à midi, libre de mes mouvements, et avec plusieurs heures devant moi ; car mon plan était de sortir de la ville à la nuit tombante et, par les bois, de gagner Meudon, d'où je descendrais à la Seine.

J'avais cru que je trouverais la ville pleine de troupes ; je vis au contraire que la garnison n'était pas très-nombreuse ; mais, si l'on rencontrait peu de soldats, on marchait au milieu d'un flot d'officiers chamarrés de croix et de décorations, et portant les uniformes les plus variés ; car cette armée prussienne qu'on croit sévère pour le costume, est celle qui peut-être possède la plus riche collection d'uniformes ;—ces officiers appartenaient à ce que nos ennemis appellent *l'armée buhler*, c'est-à-dire que c'étaient des courtisans militaires, des petits princes accourus à Versailles pour bien vivre à l'hôtel des Réservoirs et faire leur cour au futur empereur d'Allemagne.

Ces groupes dorés contrastaient étrangement avec les rares habitants qu'on rencontrait çà et là errant tristement, inoccupés, et jetant un regard curieux et désolé sur le *Moniteur de Seine-et-Oise*, affiché au coin des rues. S'ils n'avaient que ce journal pour les renseigner, ils ne devaient pas savoir grand'chose, car le numéro du 10 annonçait ainsi notre victoire de Coulmiers : « L'armée de la Loire s'avançant sur la rive droite de la Loire vers Beaugency, le général de Thann a pris position contre elle le 9 en dehors d'Orléans et, après avoir constaté la force de l'ennemi, s'est retiré en combattant sur Saint-Péravy. » Si on avait pu accuser nos journaux de cacher la vérité, les journaux prussiens étaient nos maîtres.

En passant devant la boutique d'un perruquier, je ne pus résister à la tentation de me faire raser et de me laver les mains. C'était peut-être imprudent dans ma condition, mais les anciennes habitudes de bien-être et de propreté l'emportèrent sur la prudence.

En me voyant entrer, le perruquier fit un geste pour me dire que son établissement n'était pas ouvert à des gens de mon espèce, mais je ne voulus pas comprendre et m'assis devant une cuvette. Comme il n'avait personne en ce moment chez lui, il se décida à me nouer une serviette sous le menton.

— Conducteur de bestiaux, n'est-ce pas? dit-il avec un accent bordelais.

— Mais oui; vous voyez.

Il m'examina avec des petits yeux perçants.

— C'est égal, pour un conducteur de bestiaux, vous avez la peau du cou bien blanche.

— En Normandie, nous sommes tous comme ça, princes ou paysans; c'est le laitage.

— C'est le laitage aussi qui vous donne ces poignets fins et ces petites mains.

Je sentis que le rouge me montait au front.

— Je ne vous demande pas votre nom, dit-il avec volubilité en regardant souvent du côté de la porte, chacun ses affaires. Et si vous êtes venu ici pour en faire, faites-les, ce n'est pas moi qui vous en empêcherai ou qui vous dénoncerai.

— Je suis venu pour amener mes moutons.

— Parbleu, c'est certain : vous fournissez des moutons aux Prussiens, moi je les rase, chacun ses affaires. Mais les affaires, ça n'empêche pas les sentiments. Quand ils sont arrivés ici, j'avais pour vingt mille francs de marchandises, j'en ai encore pour dix mille, bien que je n'aie rien acheté, et cependant j'ai gagné vingt-cinq mille francs. Vous comprenez? si vous êtes Normand, vous comprenez.

— Je le suis.

— Bon; ça n'empêche pas qu'en rasant un officier, un général, qui me donne un thaler pour sa barbe, la main me démange de lui couper le cou. Mais avec mon rasoir, je ne peux pas démolir tous les Prussiens, ça se comprend. Aussi je vous dis, si vous avez des affaires, faites-les; ce n'est pas Borgès qui vous dénoncera. Vous savez, M. de Bismarck demeure rue de Provence, le matin il est seul; le roi loge à la Préfecture; le prince royal aux Ombrages; mais lui n'a rien à voir dans ces affaires. On dit les Versaillais par-ci, les Versaillais par-là; eh bien, les Versaillais font ce qu'ils peuvent. Le 21 octobre, le jour de la sortie des Parisiens, j'ai perdu la voix à huer les patrouilles de cavalerie, qui voulaient nous faire rentrer chez nous. Avaient-ils une belle peur! ils déménageaient tout, et ils étaient si pressés qu'ils jetaient dans les fourgons jusqu'aux tiroirs de commode, n'ayant pas le temps de les vider.

A ce moment, un officier allemand entra dans la salle.

— Je suis à vous, mon prince, dit le coiffeur.

Puis, se penchant à mon oreille:

— C'en est un vrai.

Je me présentai au comptoir, mais le coiffeur refusa de venir recevoir mon argent.

— Pour des gens comme vous, dit-il en clignant de l'œil, je ne fais pas payer, heureux de vous obliger.

Et il fourra sa savonnette dans le nez de son patient.

Avant d'entrer chez ce perruquier, je voulais employer mon temps à parcourir la ville, mais puisque mon déguisement me déguisait si peu, il fallait être prudent. Je résolus donc de sortir aussitôt et de gagner les bois, si c'était possible ; je m'y cacherais en attendant la nuit.

Comme je m'engageais dans l'avenue de Paris, j'entendis une détonation sourde qui partait vers l'est, puis une seconde, puis dix autres, vingt autres. C'était le canon de Paris. Un frisson me passa dans les veines. Et pourtant, depuis trois mois, j'avais entendu bien d'autres coups de canon.

J'allongeai le pas ; sur un petit pont qui est à

l'extrémité de l'avenue, quelques habitants s'étaient rassemblés pour écouter ; parmi eux se trouvait une vieille campagnarde coiffée d'une cornette, une de ces paysannes des environs de Paris, à l'air assuré, à la parole libre.

On causait, et chacun faisait ses suppositions : c'était une sortie, c'était une simple canonnade.

Au milieu de ces conversations inquiètes, un officier allemand, accompagné de trois officiers inférieurs, arriva et s'arrêta aussi sur le pont. Il était en petite tenue de cuirassier blanc et coiffé d'un béret jaune. Après avoir écouté pendant quelques instants, il se tourna vers nous :

— J'invite les habitants à rentrer chez eux, dit-il ; si c'est une sortie de l'ennemi, ils se trouveraient exposés.

Alors la vieille femme redressa sa taille voûtée et le regardant en face :

— Tais-toi donc ! dit-elle, tu ferais bien mieux d'aller commander chez toi.

L'officier de cuirassiers, sans se fâcher, se mit à sourire. C'était M. de Bismarck.

Bientôt le bruit du canon s'affaiblit et s'éteignit ; les habitants rentrèrent dans Versailles, et je me dirigeai vers les bois qui se trouvaient à ma droite.

Le moment décisif était arrivé.

X

Mon dessein primitif, arrêté avec Homicourt, n'avait point été de tenter de passer à travers les lignes prussiennes dès mon arrivée ; je devais au contraire aller de Versailles jusqu'à Villeneuve-Saint-Georges en étudiant les positions ennemies. Ce serait seulement quand j'aurais fait cette étude que je devrais essayer d'entrer à Paris. Ce retard avait un double avantage ; il me permettait de recueillir les renseignements que mon commandant désirait, et moi-même je profitais de ces renseignements pour risquer mon entreprise sur les points que je savais, par expérience, être les moins bien gardés.

Mais les recommandations qui m'avaient été faites à Tours avaient modifié ce projet. En me remettant mes dépêches, on m'avait dit qu'elles étaient pressées, et que je devais tout risquer pour entrer dans Paris le plus tôt possible.

Alors, m'exagérant peut-être la portée de ces paroles et me figurant jusqu'à un certain point que je tenais dans mes mains les destinées de la France, je m'étais résolu à brusquer l'aventure ; puisqu'il y avait des chances pour traverser la Seine aux environs de Sèvres, je devais les courir. En sortant de Paris (car si j'entrais, je pourrais sans doute ressortir), je compléterais les observations nécessaires à Homicourt.

Dans la construction de mon plan, j'avais eu surtout en vue le but vers lequel je tendais, et j'avais négligé les détails par lesquels je devais passer : je partais de Versailles, je gagnais les bois, je m'y cachais, je descendais à la Seine que je traversais à la nage et j'entrais dans Paris : l'idée de faire une entrée triomphale au milieu des curieux qui me pressaient de questions et que je rassurais m'avait jusqu'à un certain point ébloui.

— C'est vrai, la bataille de Coulmiers?

— Très-vrai, j'y étais. Nous avons battu les Bavarois. Tenez bon ; il y a sur la Loire 200,000 hommes qui vont marcher, et qui forceront les Prussiens à lever le siége.

Et puis je donnerais des renseignements précis sur Versailles : l'investissement n'était pas ce que les Prussiens avaient dit dans leurs journaux et fait dire par les journaux anglais ; il n'y avait pas à Versailles plus de cinq à six mille hommes ; au mois d'octobre, avec un peu de résolution, on pouvait très-facilement les forcer à évacuer la ville ; ce qui avait manqué alors pouvait s'exécuter maintenant.

Avec de pareilles idées, on se grise vite ; la facilité avec laquelle j'avais pu venir jusqu'à Versailles sans être sérieusement inquiété, le laisser-passer que j'avais obtenu de la *commandature*, la sécurité avec laquelle j'avais circulé dans la ville, tout se réunissait pour me troubler la tête. Mais lorsqu'après avoir quitté le petit pont d'où nous avions entendu la canonnade je me trouvai seul dans les champs, je m'éveillai de mon rêve pour tomber en pleine réalité, et, par un brusque changement d'esprit, je me trouvai plus loin de Paris à Viroflay que je ne l'étais à Tours alors qu'on m'expliquait les dangers de mon entreprise.

Cela me parut si étrange d'être là seul au milieu de nos ennemis, que je me figurai qu'au premier coin de rue, au premier buisson une sentinelle prussienne allait me coucher en joue. C'est très facile à dire : de Versailles je gagnerai les bois, mais, dans la pratique, c'est beaucoup moins simple. De Versailles on ne se jette pas immédiatement dans les bois ; il y a des espaces découverts à franchir, des rues à traverser ; en temps ordinaire, ce n'est rien et un paysan se perd parmi les autres paysans, mais nous n'étions pas en temps ordinaire, et je n'apercevais pas un seul habitant qui pût avec moi partager l'attention.

Je n'avais pas fait deux cents pas que je me trouvai face à face avec un gendarme prussien. Une sentinelle, passe encore ; je m'étais préparé à la sentinelle ; mais un gendarme ! Il me sembla que c'était le camarade de celui que j'avais tué sur les bords de la Sarre et que j'avais promené si longtemps dans mes bras. Il me fallut faire un effort pour ne pas me jeter en arrière.

Je ne sais si mon mouvement instinctif le frappa, ou bien s'il était insolite qu'un marchand de bestiaux se promenât à cette heure sur la route de Viroflay, mais il s'approcha de moi et me barra le passage.

— Vous, où ?

Cette façon de parler le français me donna bon

espoir ; nous n'aurions pas ensemble une longue conversation.

Sans répondre, je pris mon laisser-passer dans ma poche et je lui présentai.

— *Pien !* me dit-il, *pien*, où ?

J'étendis la main devant moi sans indication précise. J'avais peur que ce qui m'était arrivé à Courtigis se reproduisît et que si je répondais par une adresse vraie, — adresse que je n'avais pas d'ailleurs, — le gendarme voulût m'y conduire.

— Où ?

De nouveau je sortis mon laisser-passer que le gendarme m'avait rendu, et je le lui remis sous les yeux en lui montrant la signature.

— *Pien*, où ?

Il fallait cependant répondre. Je pris mon air le plus niais et lui dis :

— Cochon, boudin, saucisse.

Il se mit à rire : un homme aussi bête que je paraissais l'être n'était pas dangereux ; il me laissa continuer mon chemin.

Un groupe de soldats, qui se trouvait un peu plus loin, me laissa passer sans rien dire : on m'avait vu parler avec le gendarme, et la vérification qu'il avait faite de mes papiers me garantissait d'un nouvel interrogatoire.

Mais cette garantie ne pouvait être que momentanée ; si je rencontrais de nouveaux soldats, un poste, une sentinelle, je ne pourrais pas répondre que quelques minutes auparavant j'avais déjà exhibé mon laisser-passer ; j'aurais peut-être affaire à un officier qui parlerait français, et il ne serait pas facile de m'en tirer s'il me pressait de questions. Un marchand de bestiaux qui se dirige vers Paris n'est évidemment pas dans son chemin ; le mieux qui pourrait m'arriver, serait d'être ramené à Versailles ; mais cela me ferait perdre un jour et me rendrait impossible une nouvelle tentative dans les environs de Sèvres : arrêté une première fois, je ne pourrais pas me représenter une seconde fois dans le même pays. Je regrettai alors d'être sorti trop tôt de la ville.

Heureusement pour moi, le temps avait été sombre toute la journée, et sans un rayon de soleil au ciel gris,—une vraie journée de novembre,—le soir arriva plus tôt que d'ordinaire.

Cependant, en passant près d'une maison abandonnée dont les volets et les portes étaient enlevés, il faisait encore assez clair pour qu'on pût lire ; mes yeux furent frappés par une affiche collée contre la muraille qui n'était pas faite pour m'encourager ; elle annonçait que les habitants qui seraient trouvés dans le bois seraient arrêtés.

J'avoue que j'aurais autant aimé ne pas lire cette affiche, cependant elle ne me fit pas renoncer à mon dessein : c'était une mauvaise chance de plus contre moi, voilà tout. Et, aussitôt que je fus à portée du bois, j'y entrai résolûment. Puis, après avoir fait quelques pas dans le taillis, je m'arrêtai et me couchai à terre, décidé à attendre que la nuit eût épaissi ses ombres : précisément on avait extrait du caillou dans cette partie du bois et il s'y trouvait des buttes de terre et des trous qui étaient favorables pour se cacher : on ne pouvait me trouver qu'en me marchant sur le dos.

La nuit dont j'avais tant désiré l'arrivée me devint bientôt contraire, car elle s'annonçait devoir être ce qu'avait été le jour, sombre et grise, sans lune et sans étoiles. Or, un ciel sans étoiles c'était ma perte. De Viroflay à Bellevue et à Meudon, la distance n'est pas grande, sept ou huit kilomètres à peine par la grande route ; mais mon plan n'était pas de suivre tranquillement les grands chemins les mains dans mes poches ; je comptais au contraire me tenir toujours sous bois entre la route de Paris sur ma gauche, et la route de Choisy-le-Roi sur ma droite. Seulement, pour que cet itinéraire fût possible, il me fallait des étoiles au ciel qui me servissent de phare ; sans leur secours j'étais exposé à tourner sur moi-même, à perdre ma droite et ma gauche, et à me jeter tantôt sur la route de Paris, tantôt sur la route de Choisy où je me ferais prendre. La difficulté était déjà assez grande d'échapper aux postes qui devaient se trouver dans les bois, aux patrouilles qui devaient sillonner les chemins, sans encore les compliquer d'une partie de colin-maillard. Les hasards de ma jeunesse aventureuse m'avaient fait trois ans auparavant parcourir ces bois presque chaque nuit pendant une saison d'été, et je les connaissais bien, mais pas assez cependant pour m'y diriger à tâtons ; il me fallait des points d'orientation que les étoiles seules pouvaient me donner. J'avais compté sur elles : si elles me manquaient, je ne pouvais quitter ma carrière.

Pendant plus de quatre heures je restai étendu dans mon trou, regardant au-dessus de moi le voile sombre et vaporeux qui me cachait le ciel. Allait-il se déchirer ? allait-il s'épaissir ? Pendant ce temps le silence s'était fait partout, dans les villages, dans les champs et dans les bois ; à de longs intervalles seulement j'entendais sur le pavé des routes le pas fortement marqué à l'allemande, d'une patrouille en marche. On veillait. Parfois aussi j'entendais les détonations sourdes et profondes du côté de Paris, des pièces de siége.

Vers huit heures j'éprouvai un sentiment de froid qui me rendit l'espérance; peut-être le temps allait-il se mettre à la gelée? Alors j'aurais des étoiles. En effet, la voûte obscure qui me pesait sur la tête s'éclaircit, une bise souffla du nord, et çà et et là dans la nuit des points dorés percèrent les vapeurs qui se dissipaient petit à petit. Les points devinrent rapidement de plus en plus nombreux, ils grandirent, ils brillèrent. J'avais enfin pour me guider ces étoiles que depuis quatre heures j'attendais si impatiemment.

Je me levai aussitôt et me mis en route, mais doucement et avec précaution, ne marchant qu'à petits pas et de dix mètres en dix mètres, m'arrêtant pour écouter. Ce n'était pas aller vite qu'il fallait, c'était arriver. Il y avait à peine un quart d'heure que j'avançais ainsi, quand tout à coup, à quelques pas seulement devant moi, il me sembla entendre des mots allemands. Je restai immobile contre le tronc d'un gros chêne qui me cachait assez bien.

Ce n'était pas une alerte de l'imagination, j'avais bien devant moi des gens qui parlaient allemand à voix étouffée. Mais où se trouvaient-ils? J'avais beau regarder en tâchant de percer l'obscurité, je ne voyais rien que des taillis un peu plus sombres et plus épais que dans les autres parties du bois.

Comme les voix venaient toujours de ces taillis, je finis par comprendre que c'étaient des abris, pour des tirailleurs, formés avec des hourrées ; dix pas de plus et je tombais dessus.

Je restai derrière mon chêne assez longtemps, pour qu'on crût s'être trompé si l'on m'avait entendu ; puis, en rampant doucement, je revins en arrière et passai loin de ces abris dangereux.

Cette expérience me fit redoubler de précautions. Cependant, si attentif que je fusse, je n'en faisais pas moins un certain bruit en avançant : tantôt une pierre roulait sous mon pied, tantôt j'écrasais une branche tombée qui cassait avec éclat, et toujours je laissais derrière moi un bruissement de feuilles mortes. Avec un clair de lune, j'aurais été pris au bout de dix minutes ; la clarté des étoiles me permettait de me diriger, elle ne me dénonçait pas.

Elle me montrait aussi les endroits que je devais éviter ; de place en place, au sommet des collines boisées, il y avait des grandes coulées vides qui, sur la masse noire, faisaient des taches claires : c'étaient des abatis d'arbres pour l'emplacement de batteries avec un champ de tir.

Je marchai ainsi pendant près de trois heures, me dirigeant tantôt à droite, tantôt à gauche, et j'arrivai enfin sur les derniers coteaux boisés qui regardent la Seine. C'était là, suivant mon idée, que le danger augmentait : sans doute j'allais rencontrer des lignes de sentinelles, et je n'aurais plus les bois pour me protéger; il me faudrait traverser la voie du chemin de fer, traverser des routes, traverser la Seine. Heureusement je savais par expérience que tout coup de fusil tiré n'est pas mortel, et j'avais assez l'habitude d'entendre les balles pour ne pas me laisser troubler plus que de raison par leur sifflement.

A mon estime, et si je n'avais pas fait fausse route, je devais être sur une colline d'où la vue, passant par-dessus la Seine, s'étend jusqu'à Paris. Je la connaissais bien cette colline, et souvent, pendant la saison où j'avais parcouru cette contrée, nous étions venus nous asseoir là, pour le plaisir de regarder les lumières de la grande ville. Je fis les derniers pas qui me restaient à parcourir pour atteindre la lisière du bois; mais, à ma grande surprise, je n'aperçus pas l'illumination sur laquelle je comptais : devant moi s'ouvrait un vaste espace dans des profondeurs sombres.

Où donc était Paris avec ses milliers de becs de gaz? Où était cette vaste coupole rougeâtre qui, pendant les nuits, plane au-dessus de lui? Je m'étais donc égaré! Cependant il me semblait bien retrouver autour de moi les maisons que je connaissais.

Tout à coup, sur ma gauche, une lueur rouge, rapide comme un éclair, fut projetée en avant, et bientôt après arriva une puissante détonation : c'était le Mont-Valérien qui tirait; presque en même temps, sur ma droite, une autre détonation éclata, qui partait évidemment du fort d'Issy. J'étais bien sur ma colline et Paris était là devant moi, mais il était enveloppé dans les ténèbres; ce n'était plus le Paris d'autrefois, joyeux et superbe, c'était le Paris du siége; plus d'autre lumière sur lui maintenant que celle de la poudre, plus d'autres bruits que ceux du canon. Cette obscurité et ce silence de mort, troublé seulement de temps en temps par les détonations de grosses pièces que les échos répétaient et roulaient dans le lointain, étaient d'un effet saisissant et lugubre; un frisson me fit tressaillir de la tête aux pieds : j'étouffais.

Mais je n'étais pas venu jusque-là pour écouter mes impressions et me laisser troubler par elles; il me fallait réagir et ne pas perdre la tête.

J'avais assez l'expérience des choses de la guerre pour savoir que le moment où la surveillance se relâche est l'approche du matin : on est fatigué; en même temps, s'il n'y a pas eu d'alertes, on est jusqu'à un certain point plus confiant ; je résolus donc d'attendre dans ce bois où j'étais caché ce moment favorable. En une demi-heure, une heure au plus, je pouvais descendre à la Seine, et si je devais rester dans l'eau pour me faire reconnaître des sentinelles françaises, mon bain serait moins long, considération d'une certaine importance, que le froid de la nuit me faisait justement apprécier.

A trois heures, je quittai mon bois et m'avançai à travers champs ; pour traverser un espace dénudé, je marchai sur les genoux et sur les mains, et je gagnai ainsi le mur d'une propriété que je longeai assez longtemps, en m'abritant dans l'ombre. Après ce mur, je trouvai un nouvel espace découvert que je traversai comme le premier, c'est-à-dire à quatre pattes.

Cette première étape était encourageante, mais tout n'était pas fini : aux fenêtres de quelques maisons j'apercevais des lueurs rouges qui m'indiquaient que là se trouvaient des soldats qui se chauffaient.

De mur en mur, de champ en champ, j'arrivai enfin à la tranchée du chemin de fer : il me fallait descendre sur la ligne et ensuite remonter le talus. Je me laissai glisser sur le dos afin de ne pas faire de bruit. Mais j'avais à peine parcouru la moitié de ma course quand une voix cria en allemand :

— *Verda !*

Je ne répondis pas, et arrivé en bas, je me blottis dans le fossé.

Ce cri de *Verda* retentit une seconde fois, plus fort et plus impératif, puis presqu'en même temps j'entendis un coup de fusil et le bruit d'une balle qui s'aplatissait à un pied au-dessus de ma tête, contre une pierre.

C'était assez bien visé pour me dire qu'on savait où je m'étais caché. Je quittai donc mon gîte, et en me traînant, je suivis le fossé. Maintenant que l'attention était éveillée, la seule chance à tenter était de m'éloigner autant que possible de l'endroit où l'on m'avait aperçu.

Quand j'eus parcouru en rampant une centaine de mètres, je me relevai et me mis à courir en zigzag sur la voie. Une seconde balle siffla près de moi. Je courus plus fort. J'étais pris dans une sorte de long corridor dont je ne pouvais escalader les deux murailles, et je devais le suivre jusqu'au bout pour me jeter à droite ou à gauche dans les champs, selon la disposition du terrain. Une nouvelle détonation retentit. Celle-là était partie presque à bout portant. Évidemment on me tirait comme un lièvre qui détale devant une ligne de chasseurs embusqués.

En arrivant au bout de la tranchée, je n'eus pas à hésiter entre la droite ou la gauche : trois soldats m'attendaient, ils me couchèrent en joue ; je m'arrêtai.

J'étais pris ; je n'étais pas mort.

Un sous-officier arriva, il parlait un français de fantaisie ; je lui expliquai que j'étais conducteur de bestiaux, que je m'étais égaré dans les bois, et que j'avais un laisser-passer.

— Vous, sauver !

— Je me suis sauvé parce que vous m'avez tiré sur le dos.

— Tiré, *barceque*, vous sauvé.

— Moi sauvé, parce que vous tiré.

On alluma une allumette à l'abri d'un mur ; le sous-officier lut mon laisser-passer et ordonna à ses hommes de me conduire au poste.

Je feignis naturellement de n'avoir pas compris et redemandai mon laisser-passer en criant fort.

— Bon, dit-il en me rendant le papier, *temain*, *tevant* officier.

Et je me mis en route entouré de mes gardiens.

L'affaire était simple, on allait me conduire au poste, on m'interrogerait, on me fouillerait (et je savais, par expérience, que les Allemands fouillent bien), on trouverait mon cigare ; je serais perdu.

Je pensai donc tout d'abord à me débarrasser de cette pièce dangereuse, et ce n'était pas, à vrai dire, bien difficile ; il n'y avait qu'à le laisser tomber. Cependant, comme deux soldats me suivaient et pouvaient, à la rigueur, observer mes mouvements, je ne m'arrêtai pas à ce moyen.

Le soldat qui marchait près de moi fumait une superbe pipe en porcelaine, qui se balançait à sa bouche ; je tirai mon cigare de ma poche et lui demandai, par signe, la permission de l'allumer à sa pipe. Jamais Allemand n'a refusé ce service. Nous nous arrêtâmes un moment et j'eus la satisfaction de voir brûler au bout de mon nez la dépêche de la délégation de Tours.

Dire que les feuilles de dépêches gouvernementales préparées par des procédés chimiques valent les feuilles de tabac préparées à la Havane, ne serait pas très-sincère. Mais leur mauvais goût dans la bouche valait mieux qu'une fusillade dans la poitrine, et pour le moment c'était l'essentiel.

Quand nous arrivâmes au poste, il ne me restait plus qu'un petit bout de cigare entre les lèvres ; on pouvait me fouiller.

XI

Je m'étais trop hâté de détruire mon cigare et avec lui la dépêche qu'il contenait.

On ne me fouilla point, comme je l'avais craint, et l'on se contenta de me mettre dans une cave, dont on referma sur moi la porte de chêne.

Le poste, autant que j'en avais pu juger à la clarté douteuse du matin, était établi dans une villa qui s'élevait au milieu d'un vaste jardin ; les soldats habitaient le rez-de-chaussée, et l'on m'avait donné une pièce du sous-sol pour prison.

Mon premier soin fut d'examiner cette prison et ma première pensée de me demander par où je pouvais m'échapper, car j'espérais bien ne pas rester là tranquillement jusqu'au moment où l'on viendrait m'interroger.

L'obscurité ne me permit pas de faire mon examen comme je l'aurais désiré, et je ne pus prendre connaissance des objets qui m'entouraient et de ma prison elle-même que par le toucher ; le sol était pavé avec des briques bien jointes ; les murailles étaient en pierre me.. .re ; la porte épaisse et lourde était fermée par un verrou extérieur ; enfin la fenêtre était garnie de barreaux de fer, et, au dehors devant cette fenêtre, se promenait une sentinelle qui passait et repassait régulièrement le fusil sur l'épaule ; de temps en temps, j'entendais son arme sonner quand elle la changeait d'épaule.

Tout cela n'était guère rassurant, et bon gré mal gré il me fallut attendre le jour pour voir si je ne trouverais pas un moyen d'évasion. Mais le jour ne me montra rien que je ne connusse déjà : murailles, porte, barreaux, tout était solide ; la maison avait été bâtie par un propriétaire qui n'avait pas cherché l'économie. Il fallait donc attendre. On me transférerait sans doute à Versailles ; en chemin se présenterait peut-être une bonne occasion.

Oui, mais si l'on ne me transférait pas à Versailles, et si tout de suite, sans autre forme de procès, on me fusillait ? Les idées de ce genre ont le mérite de donner de l'activité à l'esprit. Fusillé comme espion et en marchand de cochons ? Allons donc

Je cherchai de nouveau. En regardant les barreaux attentivement, je remarquai qu'ils avaient été scellés dans la meulière avec du plâtre teinté de jaune, et non avec du ciment. Je pouvais donc les desceller assez facilement, en employant la pointe de mon couteau.

Sans perdre une minute, je m'accoudai sur le rebord de la fenêtre, et prenant un air indifférent, afin de ne pas éveiller les soupçons de la sentinelle qui allait et venait, je me mis à creuser le plâtre. En moins d'une demi-heure, le barreau joua librement dans ses deux trous.

Mais je ne pouvais pas avoir la prétention d'enjamber la fenêtre et de me sauver devant la sentinelle et les nombreux soldats qui passaient à chaque instant dans le jardin. Il me fallait attendre la nuit, si par hasard on me laissait dans cette cave jusque-là.

Le meilleur moyen d'être oublié, c'était de faire le mort ; si je ne bougeais pas, si je ne demandais rien, peut-être ne penserait-on pas à moi. Je m'assis dans le coin le plus sombre, et, pour passer le temps, je me mis à manger un morceau de pain que j'avais emporté de Versailles.

Mais cette distraction, peu entraînante d'ailleurs, ne pouvait pas toujours durer, et les heures, dans cette attente impatiente, me parurent longues : les bruits de pas dans l'escalier me donnaient des émotions désagréables, et mes pensées, dans ces intervalles de silence, n'étaient pas de nature à m'égayer : échouer dans une cave au lieu d'entrer à Paris en libérateur, la chute était lourde.

Cependant, à mesure que les heures s'écoulaient, l'espérance me revenait : on paraissait m'oublier et si j'arrivais à la nuit, j'étais sauvé ou tout au moins je pouvais tenter de me sauver, ce qui pour moi revenait au même.

Vers le milieu de la journée, un grand bruit se fit dans l'escalier : plusieurs personnes descendaient lourdement. C'étaient sans doute les soldats qui venaient me chercher pour me conduire à Versailles. Je me levai et me tins prêt à les suivre.

Ma porte s'ouvrit ; je m'avançai. Mais je m'étais trompé dans mes conjectures : on ne venait pas me chercher, on m'amenait un compagnon. Lorsqu'il fut entré dans ma cave, la porte se referma.

C'était un homme de trente-cinq à quarante ans : il était vêtu d'une vareuse d'uniforme, d'un pantalon à bandes rouges et d'un képi. Il ne paraissait nullement affecté d'être prisonnier, et sur sa physionomie « bon enfant » on lisait plus de surprise que de contrariété.

— Tiens, un bon villageois, dit-il en me regardant ; bonjour, mon garçon ; vous êtes d'ici ?

— Non ; je suis ici comme vous, tout simplement.

— Mais je n'y suis pas si simplement que ça ; je suis prisonnier, dit-il en se redressant.

— Moi aussi, il me semble.

— Et pourquoi êtes-vous prisonnier ?

— Parce qu'on m'a trouvé la nuit sur le chemin de fer ; je cherchais ma route.

— Alors ce n'est rien, mon garçon ; votre affaire examinée, on vous relâchera. D'où êtes-vous ?

— Du Perche.

— Et vous arrivez du Perche ? Alors vous devez avoir des nouvelles : avez-vous vu l'armée de Kératry ? Est-ce vrai qu'il est à Dreux avec cent mille hommes, et qu'il donne la main à Estancelin qui est à Mantes à la tête de cinquante mille Normands ?

— Vous m'avez demandé d'où j'étais, vous ne trouverez donc pas mauvais, j'espère, si je vous fais la même question.

— Je suis de Paris, parbleu.

— Alors, à Paris vous croyez que Kératry et Esancelin sont à dix lieues de Versailles.

— A Paris on ne croit rien, mais on dit bien des choses.

— Eh bien, on dit des sottises ; je ne sais pas où est M. Estancelin, et je ne sais pas s'il a cinquante mille Normands avec lui, mais je sais que les troupes du grand duc de Mecklembourg paraissent en ce moment menacer le Mans ; cela je l'ai vu ; M. de Kératry n'est donc pas à Dreux.

— Alors Paris ne doit compter que sur lui-même : la province est toujours la province.

— Et l'armée de la Loire ?

— En voilà une à laquelle je ne crois pas ; est-ce que si l'armée de la Loire avait gagné une bataille comme on nous l'a raconté, elle ne serait pas depuis longtemps déjà sous les murs de Paris !

Il ne me convenait pas de trop parler de l'armée de la Loire : bien que mon compagnon parût sincère, je devais m'enfermer dans une prudente réserve, je ne répliquai donc pas. Conducteur de bestiaux j'étais, conducteur de bestiaux je devais rester.

Cependant, comme j'avais la curiosité de savoir par quelle aventure ce Parisien se trouvait prisonnier des Prussiens, je lui posai cette question.

— C'est aussi simple que bête. J'ai une maison de campagne située entre les lignes françaises et les lignes prussiennes, mais plus près des dernières que des premières. J'ai voulu voir dans quel état elle était. Un de mes amis, qui commande une compagnie d'éclaireurs, avait projeté une expédition de ce côté. Je l'ai accompagné. Les Prussiens sont survenus en force; ne pouvant pas rejoindre mon ami, je me suis caché dans ma maison, où l'on m'a découvert. A moi seul, je ne pouvais tuer cinquante Prussiens; je me suis rendu. Voilà comment j'ai le désagrément d'être prisonnier, en même temps que j'ai le chagrin d'avoir revu ma maison. Les Prussiens ont-ils passé dans votre village, honnête campagnard? Ont-ils visité votre maison?

— Ils l'ont brûlée.

— C'est quelque chose; pourtant je crois que j'aurais mieux aimé voir ma maison brûlée et détruite que de la retrouver dans l'état où elle est. Savez-vous ce que c'est qu'un tableau?

Je fis un signe affirmatif.

— Eh bien! j'avais des tableaux dans ma maison.

— Ils les ont emportés?

— Comme c'étaient des grands tableaux qui n'étaient pas portatifs, ils les ont découpés; ils ont pris les femmes, ils ont laissé les hommes. Pour le reste je n'en parle pas; mais est-ce qu'il n'y a pas dans cette barbarie de quoi exaspérer le bourgeois le plus pacifique ?

— C'étaient des tableaux de maîtres ?

— Tiens, les marchands de cochons se connaissent donc en tableaux dans ce pays ?

J'avais lâché une sottise qui n'était pas réparable : je ne l'aggravai point par des explications.

— Allons, allons, me dit-il en me regardant d'un air railleur, je ne vous demande pas votre secret. Seulement, si vous êtes « l'homme qui traverse les lignes, » dites-le-moi franchement. Parce que, vous savez, je n'ai jamais voulu y croire, et s'il existe réellement, je serais heureux de faire sa connaissance.

— Je vous ai dit que j'étais conducteur de bestiaux.

— Discret et dissimulé ; vous êtes un diplomate.

Comme je ne répondais pas, il changea de conversation.

— Est-ce que c'est une erreur ? mais depuis que je suis ici il me semble que je respire une odeur agréable. Qu'est-ce que ça peut sentir ?

— Ça sent la cave.

— Non, ça sent bon.

Il se mit à fureter dans tous les coins de notre prison. Puis tout à coup me montrant du bout de son pied un petit tas d'ordures :

— Voilà, ça sent le fromage. Comme la guerre vous change un homme ! Qui m'eût dit, il y a trois mois, qu'en trouvant des épluchures de fromage dans une cave, je dirais que ça sentait bon !

Si discret que je voulusse être, il me sembla qu'il y avait barbarie à ne pas partager avec ce Parisien franc et bon enfant mes espérances de délivrance.

— Monsieur, lui dis-je en cessant de parler paysan, j'ai une communication à vous faire qui, je crois, vous intéressera.

— Vous êtes « l'homme qui traverse les lignes ? »

— Non, mais je peux vous donner le moyen de les traverser vous-même, dis-je à voix basse.

— Je serais moi-même l'homme qui traverse les les lignes ? Ça serait drôle.

— Si nous restons ici jusqu'à la nuit, je compte me sauver par cette fenêtre, dont j'ai descellé un barreau ; je vous offre de partager ma chance.

— Me sauver ? Ah ! non, c'est impossible.

— Je vous assure que tous ceux qui tentent de se sauver ne sont pas fusillés.

— Je n'ai pas peur d'être fusillé, j'ai peur d'être

« blagué. » Jamais, dans le quartier, ils ne voudraient croire que j'ai été prisonnier des Prussiens et que je suis parvenu à m'échapper en risquant ma vie ; ils diraient que j'ai profité de la reconnaissance des éclaireurs pour abandonner Paris et filer.

— Il me semble qu'en restant prisonnier, vous abandonnez Paris ?

— Oui, mais je ne file pas, ce qui est le point essentiel. Quand, après Sedan, il a été bien certain que les Prussiens ne s'arrêteraient pas devant la république et qu'ils feraient le siége de Paris, je suis revenu de la province où j'étais en vacances, pour m'enfermer dans Paris. Bien entendu je n'avais pas l'orgueil de vouloir défendre Paris, je suis myope au point de saluer les murailles et je n'avais jamais tenu un fusil ; mais enfin j'ai cru qu'il fallait être là. J'ai donc laissé ma femme au bord de la mer et je suis rentré. Mes amis avaient fait de même ; ils étaient là. Comme j'avais un cheval de selle, on m'a mis dans l'état-major.

— Vous avez permuté ? dis-je en montrant sa vareuse de simple garde national.

— Oui, les aiguillettes, c'était très-chic, mais il y avait des jours où ça devenait gênant, c'était quand il fallait conduire un bataillon aux avant-postes, je ne pouvais jamais trouver ni le bataillon ni les avant-postes, et quand j'interrogeais les officiers des secteurs, ils me riaient au nez en ayant l'air de se ficher de moi. Alors, j'ai abandonné les honneurs, je me suis mis tout bonnement dans le bataillon de mon quartier et j'ai appris l'exercice. Avez-vous été soldat ?

— Oui.

— Eh bien, regardez-moi ça : vous allez voir comment un garde national joue du « flingot. »

Il y avait dans un coin de la cave un vieux balai, il le prit et se mit en position.

— Allons, commandez : Portez armes ; présentez armes.

Et comme je souriais :

— Ça n'est pas ça ?

— Excusez-moi, j'ai servi dans la cavalerie.

— Et vous me laissez aller. Enfin ce qu'il y a de certain, c'est qu'un tas de gens pacifiques comme moi se sont, du jour au lendemain, transformés en soldats. Cela vous fait sourire, eh bien, vous avez tort; cette population de Paris qu'on accuse de corruption, de mollesse, de frivolité, s'est révélée ferme et vaillante quand elle a vu l'ennemi à ses portes. Sans savoir comment les choses tourneraient et si les Prussiens tenteraient une prise d'assaut ou un

11

bombardement, elle n'a eu qu'une idée : la résistance. Tandis que les gens de métier disaient qu'il n'y avait rien à faire, on a vu les savants, les commerçants, les artistes, les ouvriers s'unir dans un élan qui avait pour but de relever l'honneur de la patrie, flétri à Sedan. Aussi, pour mon compte, je suis bien aise d'avoir été là.

— Mais puisque vous n'êtes plus là, pourquoi ne pas vous sauver au lieu de rester prisonnier ? Les Prussiens vont vous envoyer à Stettin où à Kœnisberg, qu'y gagnerez-vous ?

— L'idée d'être emmené en Allemagne ne m'épouvante pas du tout, je vous assure ; c'est plus crâne que de monter sa faction à la porte des boucheries ou d'offrir son sang aux puces des corps de garde. Vous vous figurez donc qu'on ne se grise pas d'héroïsme et de patriotisme! Si vous aviez été à Paris au moment où il a été question d'armistice, vous n'auriez pas seulement osé prononcer ce mot, et alors même que vous auriez cru que c'était le moyen de sauver le pays, vous auriez pris une voie détournée pour le dire. Comment diable voulez-vous que je pense à m'échapper?

J'avais lu çà et là quelques extraits des correspondances parisiennes, mais je n'avais aucune idée de cette exaltation patriotique. J'en fis l'observation à mon Parisien.

— Je vous parais exalté, s'écria-t-il, mais figurez-vous, mon cher monsieur, que pour mon homme de peine je suis « un paquet de couenne » et pour mon concierge « un pantouflard ». Depuis le siége j'ai tenu ma maison de commerce ouverte, et bien qu'il ne se soit pas présenté un client, je n'ai pas touché à mon personnel. Eh bien ! messieurs mes commis, qui passaient à la caisse régulièrement tous les quinze jours, ne font rien autre chose, du matin au soir, que de se moquer de moi parce qu'ils me trouvent tiède. Et vous voulez que je profite d'une occasion pour filer plus ou moins tranquillement ! mais si je réussissais, je n'oserais jamais passer devant mon concierge, qui ne me saluerait plus.

— Mais si, au lieu de filer, vous rentriez dans Paris !

— Ah ! ça, non ; quand on est sorti de Paris, on n'y rentre pas, à moins d'être « l'homme qui traverse les lignes, » et je vous ai dit que je n'y croyais pas.

Je voulus insister.

— Mais, malheureux jeune homme, me dit-il en riant, vous ne comprenez donc pas que si j'échappe aux Prussiens, je serai obligé de rejoindre ma femme ?

Puis, tout de suite, prenant un ton sérieux qui n'admettait pas de réplique :

— Je me suis embarqué dans une sotte affaire ; je dois en porter la faute. Si je ne profite pas de votre proposition, dont je vous suis reconnaissant, c'est que j'y vois des obstacles sinon matériels, au moins moraux. Seulement comme ces obstacles n'existent que pour moi seul, je me mets à votre disposition pour vous aider, si cela m'est possible.

— Ce qu'il me faut, c'est gagner la nuit. Avant votre arrivée j'espérais qu'on m'avait oublié, mais maintenant on doit savoir que nous sommes deux dans cette cave.

— Pour cela, je ne vois guère comment pouvoir vous servir, car je n'ai pas le moyen de faire marcher les heures plus vite; tout ce que je peux, c'est bavarder pour tuer le temps, qui doit vous paraître long.

Et sans attendre ma réponse, il se mit à me parler de Paris, de la sortie en masse, de la grande trouée des marins des forts, de *Joséphine*, de la défiance de la garde nationale envers l'armée et du dédain des militaires pour la garde nationale, des maraudeurs, des ambulances, des rôtis de rat, du plan de Trochu qu'il me chanta sur l'air de : « On va lui percer le flanc : »

De Trochu, je sais le plan,
Plan, plan, plan, plan, plan.

Puis, mêlant la tristesse à la gaieté, il me parla de la misère des petits employés, de la cherté des vivres, de la souffrance des enfants qui mouraient au sein des mères épuisées.

C'était comme un écho vivant de ce Paris séparé du monde, et sur lequel le monde entier tenait les yeux fixés.

On assistait à sa vie intime; ce récit décousu mais sincère me montrait les illusions populaires, l'enthousiasme pour les victoires fausses, l'accablement pour les défaites vraies, la robuste confiance de gens qui veulent espérer quand même, la résignation à tous les sacrifices, les cœurs ouverts à toutes les générosités, l'irritation de ceux qui étaient séparés de leurs familles, les joies pour une nouvelle reçue, les douleurs pour une attente vaine, la fierté nationale exagérée jusqu'à la susceptibilité, la foi obstinée dans la France, la ferme volonté de se relever, la rage contre l'ennemi.

Je l'écoutais attentif, ému, et de temps en temps un coup de canon ou une fusillade venaient faire le lugubre accompagnement de ses paroles passionnées.

Les heures, jusque-là éternelles pour moi, passèrent vite; le soir s'approcha. Les ombres emplirent peu à peu notre sous-sol; la nuit se fit.

— Décidément, dit le Parisien, on nous oublie, la chance est pour vous.

Mais nous n'eûmes pas longtemps à nous réjouir: vers huit heures il se fit un grand bruit de pas dans l'escalier; notre porte s'ouvrit, on venait nous chercher.

— La nuit est sombre, me dit mon compagnon, et la route est longue jusqu'à Versailles.

Mais on ne nous emmena pas jusqu'à Versailles. Soit qu'on m'eût vu travailler à mon barreau, soit qu'on n'eût pas confiance dans la solidité de la porte, soit toute autre raison, on ne voulait pas nous laisser pendant la nuit dans notre cave et l'on nous faisait monter simplement dans un grand salon du rez-de-chaussée où se trouvaient des soldats. Par ce moyen notre surveillance serait plus facile pour nos gardiens, puisqu'ils nous auraient sous les yeux, à la portée de la main.

— Mettez-vous dans le coin là-bas, nous dit un sergent qui parlait français.

Ce salon avait deux portes: l'une sur la face qui regardait la rue où se promenait la sentinelle était fermée, l'autre donnant dans un vestibule était ouverte. Le coin qui nous était désigné se trouvait éloigné de la porte ouverte et rapproché de la porte fermée. Mais qu'importait ce détail ! je ne pouvais guère songer à m'échapper, car une douzaine de soldats étaient couchés sur le parquet, autour d'une grande cheminée dans laquelle brûlaient des arbres entiers, et pour gagner l'une ou l'autre des portes, il aurait fallu enjamber par-dessus leurs corps.

— Nous sommes *fumés*, me dit mon compagnon en examinant le salon d'un coup d'œil rapide.

— Oui, beaucoup de fumée, dit le sergent en riant aux éclats ; les Français n'aiment pas la fumée.

— Oh ! pour cela, comme pour tout, les Allemands sont bien au-dessus des Français, dit mon Parisien avec un sérieux magnifique.

XII

Le sergent, fier de sa plaisanterie, qu'il croyait française, voulut continuer la conversation avec mon compagnon, et celui-ci se prêta de si bonne grâce à ce désir, que je flairai une mystification.

— Vous savez, dit-il, en s'adressant au sergent, mais en clignant de l'œil de mon côté, pour me prévenir d'être attentif, vous savez que j'ai droit à des égards particuliers? je ne suis pas un prisonnier ordinaire, je suis un déserteur. Il n'y a plus moyen de vivre à Paris.

— Oh! vraiment?

— On fait du pain avec les os qu'on ramasse

dans les cimetières, et l'on remplace les bœufs et les moutons par des enfants qu'on fait rôtir.

— Vous avez mangé des enfants?

— C'est parce que je n'ai pas voulu en manger que je me suis échappé.

— Oh! les Parisiens sont bien coupables!

— Comment donc!

— Et s'ils souffrent, ils n'ont que ce qu'ils méritent.

— C'est ce que j'ai toujours dit.

— Pourquoi veulent-ils continuer la guerre? Ils s'obstinent, ils ont tort.

— C'est évident; après Wissembourg, les Français auraient dû demander poliment aux Allemands ce que la Prusse désirait, et l'accorder tout de suite sans se faire prier, la guerre aurait été finie; car les Allemands ne sont pas méchants. Du moment qu'on leur aurait donné ce qu'ils voulaient, l'Alsace, la Lorraine, de l'argent, ils n'auraient pas continué la guerre pour le plaisir de nous battre.

— L'on aurait demandé beaucoup moins d'argent, et nous serions rentrés plus tôt chez nous. Mais les Français sont orgueilleux.

— Voilà le mal.

— Ils sont aussi très-ignorants ; ils n'ont pas compris les intentions de l'Allemagne, et maintenant ils supportent la peine de leur orgueil et de leur ignorance. Paris est malade d'une maladie qui ne peut être guérie que par la diète et la saignée ; il faut qu'il jeûne et qu'il perde du sang, cela le calmera.

Je n'écoutais pas cette conversation avec le sang-froid de mon camarade ; à ce mot je voulus intervenir ; mais celui-ci me repoussa dans mon coin.

— Bons médecins les Allemands, dit-il, très-pratiques ; il faut vraiment tout l'aveuglement des Français pour ne pas reconnaître l'excellence de ce traitement ; un peuple est heureux quand il a des voisins honnêtes et charitables.

— Que demande l'Allemagne ? dit le sergent : à vivre en paix chez elle, après avoir repris ce qui lui appartient et en disposant les choses de manière à n'être plus attaquée : si les Français ont un peu de bon sens dans leurs têtes rondes, ils nous laisseront tranquilles chez nous. Ce n'est pas pour le plaisir que nous faisons la guerre, c'est pour la justice.

— C'est évident ; mais en France on ne veut pas reconnaître que les Allemands sont honnêtes, moraux, religieux, francs, généreux, pleins de bonne foi, et on les accuse sans les connaître d'être hypocrites, pillards, menteurs ; il y a même des gens qui disent que vous êtes bêtes.

— Oh ! s'écria le sergent.

N'ayant pas assez de sang-froid pour écouter tranquillement ce genre de plaisanterie, je m'étendis sur le parquet et j'enfonçai mon bonnet de fourrure sur mes oreilles.

Ce fut seulement plus d'une heure après que je prêtai attention à ce qui se passait et se disait autour de moi. Le sergent s'était fait apporter une chandelle enfoncée dans une bouteille et il écrivait sur ses genoux. Auprès de lui, sur un banc, il avait posé plusieurs lettres qui portaient des en-tête imprimées.

— C'est votre rapport que vous écrivez là ? dit mon compagnon.

— Oh ! non ; je réponds aux lettres qui sont adressées à ma maison de commerce, et qu'on m'envoie ici. Je ne suis pas soldat de mon métier, je suis distillateur. Lorsque la guerre a été déclarée, j'ai été rappelé au service militaire, et d'ici je dirige mes affaires ; cela n'est pas très-commode, et voilà pourquoi je suis exaspéré contre les Français ; ils ne sont pas pratiques. S'ils faisaient la paix, nous pourrions rentrer chez nous. Je serai très-malheureux si je ne suis pas auprès de ma femme et de mes enfants pour Noël. Mais les Français ne savent pas ce que c'est que la famille ; ce sont des libertins, des débauchés.

— Vous savez, je ne crois pas que vous serez en Allemagne à Noël.

— Il y en a qui disent que nous serons encore ici pour manger les œufs de Pâques ; c'est très-malheureux.

C'était bien là la nation armée, telle qu'elle doit être constituée pour entreprendre ou soutenir de grandes guerres. Si vive que fût ma répulsion pour ce Germain naïf, je ne pus m'empêcher d'être frappé de ce qu'il y avait de remarquable dans la situation de ce commerçant-soldat qui faisait sa correspondance aux avant-postes, et tenait la plume en même temps que le fusil à aiguille.

Pendant une heure encore il écrivit, puis s'adressant à mon compagnon :

— Vous avez là une jolie breloque, dit-il en regardant la chaîne que celui-ci portait accrochée à une boutonnière de sa vareuse. Vous y tenez?

— Si vous voulez me la prendre, je ne la défendrai pas au prix de ma vie.

— Je voudrais vous l'acheter pour l'envoyer à ma fille aînée, dont c'est bientôt le jour de naissance.

— Alors c'est une affaire que vous me proposez?

— Oui, et je vous payerai en bon argent français.

— Je ne doute pas que vous n'ayez de l'argent français dans vos poches ; mais je ne vends pas ma breloque.

— C'est un gage d'amitié ?

— De très-grande amitié, car c'est un cadeau que je me suis fait moi-même, et je m'aime beaucoup ; mais ce n'est pas pour cela que je ne veux pas vous la vendre.

— Cela me ferait plaisir.

— Alors, vous vous figurez que moi, Français, je vais m'empresser de vous faire plaisir, à vous Allemand ? Hé bien, tenez.

Il détacha sa breloque, et la jetant sur le parquet, il l'écrasa d'un vigoureux coup de talon.

— Je ne sais pas ce que l'avenir nous réserve, et un jour viendra sans doute où nos deux nations ne seront plus en guerre, mais moi, Français, je serai toujours en guerre avec les Allemands ; ils pourront emplir mon magasin, je ne ferai pas un sou d'affaires avec eux, pas plus pour une breloque que pour un million. Vous êtes mon ennemi, comprenez-vous ?

— Vous disiez...

— Je vous ai fait dire ce que j'ai voulu ; mais la vérité est que je ne suis pas déserteur, je suis prisonnier contre mon gré et à ma grande colère, car je ne pourrai pas me joindre à mes amis quand Paris fera sa sortie.

Le sergent se leva, et ayant lancé à mon compagnon un regard arrogant et méprisant, il alla s'asseoir devant la cheminée. Evidemment il ne comprenait absolument rien à ce qui venait de se passer: pourquoi le Français avait-il écrasé cette breloque qui avait de la valeur? pourquoi cette colère? Ces Parisiens étaient donc enragés? A propos de quoi cette rancune? C'était de la sauvagerie.

— L'ai-je bien roulé! dit mon compagnon en s'étendant à côté de moi; ce soir il rage, demain il sera furieux, quand il aura compris comment d'un bout à l'autre je me suis moqué de lui. Je ne regrette qu'à moitié de m'être laissé prendre; depuis trois mois, je n'avais pas eu une si bonne soirée !

Peu à peu, le silence se fit; tous les hommes étaient étendus sur la paille, et le sergent lui-même s'était enveloppé dans sa grande capote; un brasier ardent emplissait la cheminée, et les charbons roulaient jusque sur les premières frises, qui brûlaient lentement. Dans la pièce voisine, on entendait le murmure des hommes de garde et au dehors le pas régulier de la sentinelle.

Bien que je n'eusse pas dormi la nuit précédente, je ne pensais pas au sommeil; je regardais autour de moi, et je cherchais un moyen de m'échapper, ce qui, à vrai dire, ne paraissait pas facile.

Cependant je remarquai que, quand un des soldats voulait sortir, il enjambait tout simplement par-dessus l'homme qui était couché en travers de la porte sans que celui-ci relevât la tête pour regarder ou demander qui passait sur lui. Au retour, les choses s'exécutaient exactement de la même manière : on tirait la porte qui ouvrait en dehors sans la fermer complétement.

Si j'employais ce moyen? Sans doute c'était aventureux de quitter notre coin et d'enjamber par-dessus les dormeurs, sans compter qu'une fois dehors il serait assez difficile d'échapper aux sentinelles et de s'orienter, mais je n'étais pas dans des conditions à ne choisir que les moyens sûrs et faciles. Il fallait risquer beaucoup pour obtenir peu.

Je m'approchai de mon voisin, mais déjà il dormait. Je le réveillai doucement.

— Hein, dit-il, que voulez-vous?

En quelques mots, à voix basse, je lui expliquai mon projet.

— C'est de la folie, dit-il, vous n'allez pas faire cela; c'est risquer votre vie.

— J'en risque beaucoup d'autres en ne le faisant pas.

Il me regarda longuement.

— Bien, dit-il, allez; mais je ne vous accompagne pas; seul, vous avez plus de chances.

J'attendis encore une demi-heure. Les soldats, fatigués, dormaient à poings fermés; un ronfleur couvrait tous les bruits de ses aspirations rauques.

Je me levai doucement; mon compagnon me tendit la main.

— Adieu et bonne chance!

Mais au moment où j'allais faire mon premier pas vers la porte, un soldat se retourna, je me couchai rapidement.

Bientôt tout rentra dans le calme, le soldat ne s'était pas réveillé; il fallait se hâter. J'enjambai par-dessus un premier corps, puis par-dessus un second. Mais une difficulté se présenta: deux soldats couchés côte à côte me barraient le passage, et je ne savais où poser le pied, de peur de leur marcher sur les mains. Heureusement, le feu jeta une lueur qui éclaira la pièce. Je passai. J'étais à la porte.

Tout le monde paraissait bien endormi. Je me baissai vivement et ramassai une capote qui était roulée à côté d'un dormeur. Puis je franchis l'obstacle et repoussai doucement la porte.

En trois enjambées je fus sur le perron, et du

perron je descendis dans le jardin. Je ne vis personne. Alors me glissant derrière un massif d'arbustes qui avaient gardé leur feuillage, je déroulai la capote et l'endossai vivement; une casquette d'uniforme était dans la capote, je la mis sur ma tête.

Ainsi habillé en soldat, je pouvais dans la nuit tromper un premier coup d'œil. Cependant mon intention n'était pas de passer devant la sentinelle, mais de gagner le fond du jardin, où j'escaladerais les murs.

Je n'eus pas cette difficulté à surmonter; une large brèche avait enlevé trois ou quatre mètres de clôture; je passai dans la propriété voisine, puis de celle-là dans une autre par une brèche semblable. J'allais vite, mais cependant en écoutant.

Tout à coup j'entendis un bruit de voix qui partait de la maison où j'avais été enfermé, puis je vis des lumières briller dans la nuit. On s'était aperçu de mon évasion et l'on me cherchait.

Je me mis à courir, et après avoir franchi une haie, je me trouvai dans un bois ou dans un parc, en tous cas dans un endroit couvert d'arbres. De temps en temps je me retournais, mais le bruit de voix diminuait, la lumière s'affaiblissait, et l'on ne paraissait pas diriger la poursuite de mon côté.

Où étais-je? où allais-je? Je n'en savais rien. Un

coup de canon vint me donner la direction à suivre, pour ne pas retomber dans les lignes des avant-postes et m'éloigner de Paris.

Au milieu de la nuit et dans ce bois, je ne pouvais pas me reconnaître. Je marchai au hasard, doucement, et en prenant les mêmes précautions que la nuit précédente.

Après ce bois, je trouvai une plaine, que je traversai en me glissant de haie en haie, de buisson en buisson, de pépinière en pépinière, puis je retombai dans un bois. Il me semblait que je devais être aux environs de Sceaux, à Aulnay, à Châtenay peut-être, mais il m'était impossible de me fixer d'une manière précise. Je m'arrêtai dans ce bois, décidé à y passer le reste de la nuit; et ayant rencontré un fossé plein de feuilles, je m'y couchai, roulé dans ma capote. J'étais assez éloigné de ma prison pour qu'on ne vînt pas me chercher là. La fatigue et l'émotion aussi, il faut le dire, m'avaient brisé; je m'endormis jusqu'au matin.

En m'éveillant, mon premier soin fut de me débarrasser de la capote que j'avais sur le dos; je la pliai et la cachai sous les feuilles. Par-dessus ma veste je portais une blouse bleue: je l'ôtai et la cachai aussi. Puis cela fait, je retournai mon bonnet de fourrure, mettant le poil en dedans et le cuir en dehors: si l'on avait donné le signalement d'un homme en blouse et en bonnet fourré, je ne ressemblais plus à cet homme-là.

Je n'avais pas renoncé à mon projet d'entrer dans Paris; mais après avoir été arrêté sur la rive gauche, il était imprudent de recommencer une tentative à l'endroit ou j'avais échoué; je résolus de la risquer sur la rive droite ou sur la Marne; c'était un retard, mais il était commandé, et d'ailleurs il m'offrait l'avantage de parcourir les positions ennemies.

Le jour qui se leva lentement me montra que je ne m'étais pas trompé de beaucoup dans mes conjectures; j'étais dans le bois de Verrières; si l'on ne m'arrêtait pas, je pouvais, par Wissous ou Rungis, gagner Villeneuve-Saint-Georges, et de là me diriger sur Bonneuil ou Creteil.

Non-seulement on ne m'arrêta pas, mais on ne me demanda mon laisser-passer que deux fois; et cependant les villages que je traversais étaient pleins de soldats bavarois et prussiens. On en voyait partout, dans les rues, sur les portes, aux fenêtres. Ils faisaient leur toilette du matin, c'est-à-dire qu'ils se pommadaient et se brossaient, surtout ils ciraient leurs bottes en se perchant sur le rebord des croisées. Cirer paraissait être pour eux une occupation favorite, ils frottaient, frottaient. Les cavaliers, après avoir ciré le cuir de leur pantalon dans les parties qu'ils pouvaient atteindre, se mettaient à quatre pattes et tendant en l'air leur rotondité, ils se faisaient brosser par un camarade ; celui-ci frottait et crachait, crachait et frottait courageusement tant que le cuir ne brillait pas comme un miroir. Puis, à son tour, il se mettait à quatre pattes.

Sous cette invasion, ces malheureux villages avaient pris un aspect pitoyable. Les volets, les portes étaient enlevées aux maisons ; les immondices, les ordures de toutes sortes encombraient les rues ; dans les jardins, dont les arbustes étaient hachés ou brisés, on ne voyait que des bouteilles cassées, des os, des pots, des assiettes, des casseroles, des vieux habits déchirés ; dans les rez-de-chaussée, les chevaux habitaient les salons, et leur fumier s'amoncelait contre les lambris dorés : aux fenêtres, sur les balcons, séchaient des chemises déguenillées et des mouchoirs sales ; les églises étaient transformées en casernes ; on lavait les légumes dans les fonts baptismaux. Partout des troupiers ; presque nulle part des habitants.

A côté de cette dévastation navrante, un ordre admirable dans les choses de la guerre ; sur les hauteurs qui commandent une certaine étendue de pays, des batteries sont cachées derrière des terrassements ; des avenues entières, des parcs, des bois, ont été abattus, et les arbres, sciés à trois pieds du sol, gisent à terre avec toutes leurs branches ; les villages, les maisons isolées, les jardins enclos de murs ont été fortifiés ; les rues sont barricadées avec des arbres et des pavés ; les murs sont crénelés, percés de meurtrières et garnis de tréteaux ou de tables, de buffets, d'étagères sur lesquels les soldats peuvent monter, pour repousser une attaque venant de Paris ; partout, au coin des rues et des chemins, des écriteaux, en allemand, indiquent les directions et les lieux de réunion, en cas d'alarme ; le long des routes courent des fils télégraphiques ; et dans les plaines, des terrassements sont élevés pour abriter les tirailleurs ; contre ces obstacles, une sortie aura bien peu de chances, et les assiégés perdront vingt hommes avant d'en tuer un à l'ennemi.

J'espérais traverser la Seine à Villeneuve-Saint-Georges, mais on ne voulut pas me laisser passer, et comme j'insistais, je faillis me faire arrêter. Je dus aller jusqu'à Corbeil, où j'arrivai le soir seulement.

De Corbeil, qui était le grand magasin d'approvisionnement des Allemands, je me dirigeai le lendemain sur Montgeron. Mais je ne pus aller plus loin que ce village, et l'on me dit que le curé, ayant voulu descendre à Villeneuve, avait été arrêté ; les Prussiens ne permettaient pas qu'on approchât de leur pont qui, pour eux, était le salut en cas de retraite.

Je me mis donc en route à travers les plaines de la Brie pour gagner Ecouen, et de là tenter de forcer les lignes aux environs de Saint-Denis : c'était un détour d'une vingtaine de lieues et un nouveau retard, mais il fallait l'accepter ou renoncer à mon projet, ce que je ne voulais pas.

Les chemins avaient, dans la contrée que je traversais, une animation que je n'avais point vue en venant à Versailles. On rencontrait des centaines de voitures qui roulaient tranquillement, peu ou point escortées, comme si elles avaient été en pays ami. Elles venaient de Nanteuil, qui était alors la tête de ligne pour l'Allemagne, et elles se rendaient aux avant-postes. Des locomobiles traînaient des fourgons chargés de canons de siége ; des chariots numérotés portaient des munitions, d'autres des vivres, d'autres les dons patriotiques. Dans un village je fus obligé de me ranger contre une maison pour laisser passer douze voitures de la poste de campagne qui se suivaient, pressées d'apporter les lettres et les paquets arrivant d'Allemagne. Alors, en les regardant défiler, je pensais qu'il serait bien facile à quelques hommes déterminés de désorganiser ces services. Que deviendrait l'investissement si les munitions manquaient et si les soldats ne recevaient plus de la patrie leurs cigares et leurs tricots de laine, eux qui trouvaient déjà que le siége se prolongeait trop longtemps ?

En sens contraire, se dirigeant vers Nanteuil, se suivaient des files de voitures ou plus justement de machines de transport, les plus étranges qu'on puisse voir : c'étaient les cantiniers, les maraudeurs, les trafiquants de toutes sortes qui s'en retournaient au pays ; ils marchaient lentement, leurs chevaux ayant à traîner de lourdes charges. Ceux-là ne désiraient point que la guerre finît de si tôt : leur butin mis en sûreté chez eux, ils reviendraient avec des cargaisons de tabac qu'ils vendraient aux habitants obligés de fournir chaque jour aux soldats allemands, les cigares que les marchands allemands leur vendaient.

Il me fallut deux jours pour gagner Ecouen. Un vieil ami de ma mère habitait ce pays ; je comptais sur lui, s'il n'avait pas fui devant l'invasion, pour me recevoir, et surtout pour me diriger par les renseignements qu'il pourrait me donner.

Il n'avait point quitté sa maison, mais il logeait chez lui vingt soldats ennemis, et, parmi ces soldats, se trouvait un ancien domestique qu'il avait renvoyé un an auparavant.

— Le gredin, me dit-il, nous fait toutes les misères imaginables; il connaît la maison et ses habitudes ; à notre tour nous sommes ses domestiques. Si je te garde ici, il aura des soupçons, tu seras arrêté, et nous, on nous fusillera, ou bien, par grâce, on nous emmènera en Allemagne. Je t'engage à renoncer à ton idée : entrer à Paris est impossible.

— Je dois quand même essayer; si je ne peux pas réussir, j'aurai au moins fait le possible.

XIII

En venant à Ecouen, j'avais cru qu'il me serait facile d'obtenir des renseignements précis sur les lignes d'investissement des Prussiens. Je ferai causer les gens que je connais, me disais-je, et, guidé par eux, je n'irai point me jeter en aveugle sur les sentinelles, comme cela m'est arrivé aux environs de Meudon.

Mon ami, n'ayant pu me recevoir chez lui, m'avait logé chez un paysan en qui il avait toute confiance; ce fut ce paysan que j'interrogeai.

Mais par malheur il ne savait rien de précis, car on ne circulait pas dans le pays comme autrefois, surtout on n'allait pas du côté de Paris; les Prussiens ne le permettaient pas, et puis il pleuvait par là des obus tirés par les forts de Saint-Denis qui ne rendaient pas la promenade agréable. Il y avait beaucoup d'Allemands entre Pierrefitte et Stains d'un côté, de l'autre il y en avait entre Pierrefitte et Épinay; on établissait des batteries au moulin d'Orgemont; c'était tout ce qu'il savait; mais comment étaient formées les lignes, où se trouvaient les avant-postes, il ne pouvait pas le dire; seulement il était bien certain qu'on ne pouvait point passer; ceux qui l'avaient essayé avaient été pris ou tués.

Cela n'était ni suffisant ni rassurant, cependant j'insistai. Alors on alla me chercher un voisin. Celui-là était précisément le contraire de mon hôte. Il savait tout, l'emplacement des postes, le nombre des sentinelles; il aurait pu aller dix fois à Paris si cela lui avait plu. Je lui offris cent francs s'il voulait me conduire aux avant-postes. Il accepta et jura « sur tout ce qu'il y a de sacré » qu'il me ferait passer sans danger.

J'aurais mieux aimé un peu moins d'assurance, mais enfin c'était quelque chose d'avoir un homme du pays qui pouvait me guider par des sentiers détournés. Comme je n'étais pas aussi confiant que lui sur son « sans danger, » je l'envoyai chez mon ami me chercher un revolver, car j'étais décidé à passer, coûte que coûte.

— Je viendrai vous prendre vers dix heures, me dit-il; à ce moment, les Prussiens qui logent dans la maison sont soûls, ou bien, si occupés à jouer aux cartes, qu'ils ne feront pas attention à votre départ.

Il fut exact, et je me préparais à sortir derrière lui, quand il s'arrêta.

— Et les cent francs? dit-il, je ne voudrais pas les porter sur moi.

Après tant d'assurance, cette prudence m'étonna un peu, mais je n'avais rien à dire, je lui comptai les cinq louis, qu'il déposa chez lui en passant.

Je connaissais les environs d'Ecouen pour avoir chassé souvent dans le pays; cependant il me fit prendre des chemins dont je ne soupçonnais pas l'existence. Après les bois, nous descendîmes dans le lit desséché d'un ruisseau, une sorte de ravin qui, entre deux levées de terre au milieu des prairies, nous conduisit aux environs de Sarcelles. Là, nous prîmes sur la droite, dans des vignes. Il était bien certain que mon guide connaissait son chemin, et à mesure que nous avancions, mon espérance se fortifiait : il me conduirait aux avant-postes; j'avais à ma ceinture un revolver à six coups : s'il fallait s'en servir, je le tirerais et passerais quand même.

La nuit était par malheur assez transparente, et nous voyions à une certaine distance autour de nous. En arrivant à la grande route, mon guide se coucha à quatre pattes, et je l'imitai.

— Ce que je crains, me dit-il à voix basse quand nous eûmes traversé, c'est les trous que ces gueux de Prussiens creusent dans la terre; ils sont enfouis là-dedans jusqu'au cou : ils nous voient venir, et on ne les voit pas.

— Est-ce qu'il y a des trous par ici?

— Non, pas ici, nous sommes sous la butte Pinson, mais du côté de Montmagny, je ne sais pas.

Nous marchâmes durant un quart d'heure encore sans que rien nous révélât la présence des ennemis, mais subitement nous vîmes un éclair rayer la terre à une dizaine de mètres devant nous, et une balle nous siffla aux oreilles.

Mon guide, qui s'avançait le premier, se rejeta si brusquement sur moi qu'il faillit me renverser.

— Sauvons-nous ! dit-il.

Je voulus le retenir, mais une seconde balle siffla dans l'air; il s'arracha brusquement à mon étreinte et s'échappa.

J'eus une seconde d'hésitation : fallait-il rebrousser chemin, fallait-il continuer? Je pris mon revolver et courus en avant. Un nouveau coup de fusil illumina la nuit et me montra devant moi à des distances inégales quatre ou cinq soldats qui m'attendaient : il m'était impossible de passer là, je me jetai sur le côté.

Heureusement pour moi, la lumière venant des coups de feu éclairait ceux qui tiraient et me laissait dans l'ombre.

Je fis en courant une trentaine de pas, mais le bruit des branches que je cassais et des cailloux que je faisais rouler trahissait mon passage; on m'envoya encore, au juger, trois balles, qui coupèrent les sarments des vignes autour de moi.

C'était miracle que je n'eusse pas encore été atteint, et la distance seule expliquait ma chance; mais, à bout portant, il n'en serait plus ainsi, et maintenant que l'alerte était donnée sur toute la ligne, il faudrait bien passer à bout portant. C'était folie de le tenter.

Je rebroussai chemin. Mais je n'avais pas fait dix pas, que j'aperçus dans l'ombre, à quelques mètres, un fusil qui s'abaissait pour me coucher en joue. Je tenais mon revolver à la main; je fus plus prompt que le Prussien : je tirai, il ne tira point.

Mon coup de revolver avait trahi ma position : deux balles sifflèrent. Je me couchai à terre et marchai en rampant. Je n'avais qu'une chose à faire, gagner la forêt de Montmorency ; mais pour y arriver j'avais une assez longue distance à parcourir à travers les vignes et les cultures maraîchères. Je ne perdis pas une seconde à réfléchir et courus à toutes jambes, sans retourner la tête pour voir si l'on me poursuivait : sur ma droite, la grande route de Pierrefitte à Moisselles me servirait de corde ; sur ma gauche, les maisons semées çà et là m'empêcheraient de me jeter dans Montmorency. En moins d'une demi-heure, je dépassai Groslay, et, remontant la colline, je me reposai sous bois, en écoutant la canonnade qui grondait sur Paris, plus violente et plus soutenue que je ne l'avais encore entendue.

Là, je pus donner à la réflexion le temps que je n'avais pas osé prendre quand les balles me sifflaient aux oreilles. Mes deux tentatives avaient échoué aussi misérablement l'une que l'autre, et je ne voyais guère de chances pour en risquer une troisième. Je ne pouvais pas retourner à Écouen, où les soupçons seraient sans doute éveillés, et sans un guide qui connût bien le pays il était impossible d'arriver aux avant-postes. Maintenant où trouver cet homme? Sans doute, en cherchant et en attendant, je finirais peut-être par le découvrir. Mais je n'avais pas le temps d'attendre, car je laissais Homicourt sans renseignements et lui faisais peut-être perdre l'occasion de porter des coups sensibles à l'ennemi.

La mission dont on m'avait chargé était double : je devais porter des dépêches à Paris, et je devais étudier les lignes d'investissement. Pour les dépêches je n'avais pas réussi, et si au bout de quelques jours d'attente, en profitant du brouillard ou d'une sortie des assiégés, je parvenais à entrer à Paris, ces dépêches ainsi retardées n'auraient peut-être plus aucun intérêt. Pour les lignes d'investissement, au contraire, j'avais fait plus qu'on ne m'avait demandé : non-seulement j'avais reconnu les positions ennemies sur la rive gauche de la Seine, mais encore j'avais parcouru le pays à l'est et au nord de Paris; j'avais suivi la route que parcourait la poste allemande; j'avais vu les magasins de Chelles, le parc de Gonesse, et je pouvais être un guide utile à une poignée d'hommes résolus qui, de la forêt d'Orléans gagnant la forêt de Fontainebleau, voudraient opérer sur la ligne de communication des ennemis.

Cette dernière considération m'imposa une détermination, et si grand que fût mon désappointement de ne pas entrer dans Paris, je résolus de rejoindre Homicourt. Ce n'était pas de mes convenances personnelles, de mes espérances et de mes désirs que je devais avoir souci.

Arrêté au parti de retourner sur les bords de la Loire, je décidai de me diriger sur Rouen, où je prendrais le chemin de fer : je perdrais ainsi moins de temps qu'en tournant autour de Paris, et en traversant la Beauce et le Perche à pied

En sortant d'Écouen, conduit par mon guide, la nuit m'avait paru trop lumineuse, mais seul je fus heureux de trouver cette demi-clarté. Elle me permit de traverser la forêt de Montmorency sans passer par les villages d'Andilly et de Margency, et d'arriver sur la grande route de Saint-Denis à Pontoise, aux environs d'Ermont.

Le jour se levait. Je fus bientôt rejoint par une charrette qui se dirigeait vers Pontoise. L'homme qui conduisait cette charrette était un paysan dont la figure ouverte et franche inspirait confiance. J'étais fatigué. Depuis dix jours je marchais sans repos, je n'avais pas dormi; je l'arrêtai et lui demandai s'il voulait me donner une place dans sa voiture.

Il m'examina des pieds à la tête, cligna de l'œil

et m'interrogea pour savoir d'où je venais, où j'allais, puis à la fin il me permit de monter près de lui.

La connaissance fut vite faite. Ce paysan était un Normand du département de l'Eure qui avait été mis en réquisition par les Prussiens ; il allait à Pierrelaye, auprès de Pontoise, chercher un chargement d'avoine.

— Et pourquoi ne vous sauvez-vous pas ? lui dis-je ; puisqu'ils vous laissent la liberté d'aller jusqu'à Pierrelaye, il faut continuer jusque chez vous.

— Ils n'ont pas peur de ça ; ils savent qu'ils me tiennent bien.

— Puisque vous n'avez pas de surveillant avec vous.

— Non, mais j'ai ma voiture et mes cinq chevaux, qu'ils retiennent, et ils savent bien que je reviendrai les chercher. Il faut vous dire que je suis d'Étrépagny et que mon métier est d'être voiturier pour le beurre et les œufs. Toutes les semaines, avant la guerre, je venais deux fois à la halle de Paris. Pour faire ces voyages, j'avais cinq chevaux de 1,000 fr. chaque et une grande voiture. Quand les Prussiens sont entrés chez nous pour la première fois, il y a six semaines, ils m'ont réquisitionné avec mes chevaux et ma voiture, et on m'a envoyé à Gisors, puis de Gisors à Pontoise ; j'ai demandé alors à retourner chez nous. Ah ! bien oui ! on m'a envoyé à Gonesse, puis à Corbeil et même jusqu'à la Ferté-sous-Jouarre chercher des madriers que j'ai dû porter du côté de Versailles pour les batteries. Après ça je suis revenu à Gonesse. Et maintenant je suis à Montmorency.

— Ce n'est pas là votre voiture et vos chevaux?

— Oh ! non, ni la voiture ni le cheval ne sont à moi. Quand je conduis mes chevaux, j'ai des Prussiens pour m'accompagner, car ils savent que seul je me sauverais, au risque d'être fusillé ; tandis qu'en gardant mes chevaux, ils savent aussi que je reviendrai pour ne pas les perdre : c'est là leur malice, si on peut appeler ça de la malice.

— Et que faites-vous avec vos chevaux et votre voiture ?

— Des transports de fourrage, de poudre, de munitions. Et puis quelquefois la nuit, ils emmènent eux-mêmes chevaux et voitures, et l'on ne sait pas ce qu'ils font avec. A la fin d'octobre, quand il y a eu une affaire du côté du Bourget, la voiture est revenue pleine de sang, et il n'a pas été difficile de deviner qu'elle avait charrié des morts. Si les chevaux pouvaient parler, ils en raconteraient de terribles.

— Les hommes parlent, eux.

— Oui, mais ils ne voient pas : il y en a bien d'autres que moi qui ont été réquisitionnés et qu'on fait travailler aux terrassements, mais ils ne peuvent ni parler ni se sauver ; on les mène au travail, et ils ont sur le dos le fusil chargé, sans compter les obus des forts qui tombent au milieu de la terrasse et tuent les Français aussi bien que les Prussiens. Après Sedan j'entendais plaindre les prisonniers, mais il n'y a pas que les soldats que les Prussiens font prisonniers. Nous autres nous ne sommes pas soldats, et il faut travailler dur, ne pas manger et dormir dans des caves ou des maisons ouvertes à tous les vents, parce qu'on a brûlé les portes, les fenêtres et les parquets. Ça, est-ce juste ? Moi je dis que ça crie vengeance.

Bien souvent, depuis le commencement de la guerre, j'avais entendu parler des réquisitions prussiennes, mais je n'avais aucune idée de ce genre d'esclavage, renouvelé de l'antique. Mon paysan normand me raconta des faits qui ne permettaient guère le doute sur le sort déplorable de ces malheureux ; retenus de force, contraints de travailler aux redoutes qui devaient bombarder leurs compatriotes, ils menaient une vie de misère, vêtus de la blouse de toile qu'ils portaient sur leur dos lorsqu'ils avaient été enlevés dans leurs villages, brutalisés, battus par les soldats, auxquels ils devaient obéissance et respect, mis en avant dans les postes les plus exposés, notamment au moulin d'Orgemont, que les canons français de Saint-Ouen et de Saint-Denis couvraient nuit et jour d'obus.

— Si je n'étais pas retenu par les chevaux et la voiture! dit-il ; mais les abandonner, c'est pour nous la ruine ; huit mille francs, c'est une grosse somme. Et pourtant il y a des jours comme aujourd'hui où j'ai envie de passer le pont de Pontoise et de m'en aller chez nous. Ma femme, mes enfants sont-ils encore vivants? Eux, ils doivent me croire mort. Je leur ai écrit, mais les lettres arrivent-elles ?

En parlant ainsi, il avait les larmes aux yeux. Je lui dis que j'allais à Rouen, et que s'il le désirait, je passerais par Étrépagny, au lieu de prendre la route de Magny ; cela ne me retarderait que de deux ou trois heures.

— Si vous faites cela, s'écria-t-il en me serrant les mains, vous n'aurez point de retard et vous arriverez à Rouen en voiture. J'ai un frère à Marines, il vous portera à Étrépagny ; d'Étrépagny, mon beau-frère vous conduira à Rouen. Nous sommes aujourd'hui mardi, 29 novembre ; vous serez demain 30 à Étrépagny, et à Rouen le 1ᵉʳ décembre

A la patte d'oie d'Herblay, on nous arrêta; mais mon compagnon avait un ordre prussien, et je pus passer avec lui sans difficulté.

Avant de nous séparer à Pierrelaye, il voulut écrire quelques mots à sa femme, « parce qu'il voulait que je fusse bien reçu, » dit-il.

Lorsque je fus seul sur la route, et que je n'eus plus le tapage de la charrette dans les oreilles, j'entendis de nouveau la canonnade continue qui toute la nuit avait résonné autour de Paris. Les volées se succédaient sans interruptions; que se passait-il donc? Un moment je pensai à retourner sur mes pas. Puis je poursuivis ma route vers Pontoise, ne me doutant guère que Paris commençait alors sa grande sortie depuis si longtemps attendue. Cette canonnade était celle du général Vinoy s'avançant sur l'Hay. Si j'étais resté quelques heures de plus à Écouen, j'aurais pu sans doute, au milieu du désordre de la bataille, entrer dans Paris.

J'arrivai à Marines le soir seulement, et le frère de mon voiturier m'accueillit comme un ami, mais il ne put pas me promettre pour le lendemain la voiture sur laquelle je comptais, ses chevaux ayant été enlevés.

— Je vous conduirai à pied, me dit-il, parce que les Prussiens, à Gisors, pourraient bien vous arrêter; il se passe par là quelque chose; au lieu de traverser la ville nous prendrons des chemins détournés.

C'était une dizaine de lieues à faire à pied, mais cela importait peu, puisque j'étais certain d'arriver le soir à Étrépagny, et comme ce pays n'était pas occupé par l'ennemi, j'y trouverais certainement une voiture pour Rouen.

A Trie-Château nous quittâmes la grande route pour prendre un chemin de traverse, et comme nous approchions des prairies qui bordent l'Epte, nous aperçûmes dans un pré une vache qui paissait tranquillement, gardée par deux uhlans à cheval et l'arme au poing.

— C'est la vache du prince Albrecht, me dit mon compagnon; il paraît que le prince a la poitrine délicate et ne boit que du lait. Sa vache le suit partout; quand les affaires vont bien, elle avance; quand elles vont mal, elle recule.

Nous traversâmes la rivière au-dessus de Gisors, aux environs de Bazincourt.

— On s'est battu là, me dit-il, et bien battu. Ce n'étaient pas des soldats, mais des paysans, des gardes nationaux. On a fusillé ceux qui ont été faits prisonniers, parce qu'ils n'avaient pas d'uniformes; ils sont enterrés à Coudrai-Saint-Germer. Comme il n'y avait pas de curé pour les assister, c'est un officier prussien qui leur a lu les prières des agonisants dans un livre catholique. Les Prussiens ont cru qu'ils épouvanteraient le pays, ils l'ont exaspéré. On leur tue du monde tous les jours. En revenant sur la grande route, je vais vous montrer un endroit où on leur a tué 140 hommes d'un coup. Dans deux grandes voitures garnies de paille et recouvertes de toiles, on avait caché 80 francs-tireurs qu'on avait fait conduire par des chevaux de labour. Les Prussiens ont entouré les voitures pour voir ce qu'il y avait de bon à prendre, et ils ont été fusillés à bout portant par les francs-tireurs. Malgré leurs espions ils n'ont jamais pu savoir quel était le fermier qui avait prêté ses chevaux et ses voitures pour cette expédition. Tout à l'heure, au coin de la route, nous allons voir un emplacement où il y avait une meule de blé qui servait à un poste de sept Prussiens pour s'abriter du froid. Un matin en venant relever ce poste ils ne l'ont plus trouvé, la place était nette; la meule et les soldats prussiens avaient été enlevés dans la nuit.

Nous marchions depuis le matin; mon compagnon me fit entrer dans une ferme dont il connaissait le propriétaire, et l'on nous servit une collation.

— Vous n'avez pas trouvé mauvais goût au pain? me dit-il, quand nous nous fûmes remis en route.

— Non; pourquoi donc me demandez-vous ça?

— C'est que c'est dans le four de cette ferme-là qu'on a brûlé deux des Prussiens enlevés avec la meule.

Ma collation me revint sur les lèvres.

— Il fallait bien les faire disparaître, dit-il; si on avait trouvé leurs corps, le pays aurait été brûlé; le pays ou les Prussiens, il n'y avait pas le choix.

En arrivant à Étrépagny le soir, nous trouvâmes le pays occupé par des troupes saxonnes assez nombreuses, se composant d'infanterie, de cavalerie et d'artillerie. Ces troupes avaient quitté Gisors dans la journée et elles marchaient vers Rouen. Il nous fallut parlementer pour entrer dans le village; sans mon compagnon j'aurais été repoussé; il soutint qu'il était du pays, et il donna des détails tellement précis qu'on nous laissa passer « pour rentrer chez nous. »

On croyait mon voiturier mort. Quand j'appris à sa femme que non-seulement il était vivant, mais encore que les chevaux étaient vivants aussi et la voiture en bon état, ce fut une grande joie; et comme les deux soldats saxons qui occupaient la maison étaient complétement gris, on put se livrer à cette joie sans contrainte.

Je voulus profiter de l'occasion qui me mettait au centre d'un campement allemand pour voir comment nos ennemis se gardaient, et malgré la fatigue, je sortis avec mon guide; né dans le village, il en connaissait les moindres recoins.

La surveillance, qui était sévère au moment de notre entrée, s'était relâchée à mesure que la nuit s'avançait. On ne trouvait plus des sentinelles de place en place pour empêcher les habitants de sortir. Les maisons où logeaient les officiers étaient pleines de bruits et de lumières. On avait fait une réquisition de pianos et l'on tapait sur ces instruments à tour de bras; de temps en temps retentissait une chanson allemande accompagnée par des bruits de verres et de vaisselle. Les autres maisons, au contraire, étaient plongées dans un silence de mort; cependant toutes les portes étaient ouvertes. Sur une petite place près des halles étaient campés des canons et des caissons.

Pendant deux heures à peu près, nous pûmes parcourir ainsi le village, et je fus surpris de voir combien il en fallait rabattre de ces précautions, qu'on attribuait aux Allemands; ils ne se gardaient guère mieux que nous.

Nous allions rentrer quand une fusillade éclata à l'extrémité du village, dans la direction de Rouen; puis, presque aussitôt, une troupe de cavalerie traversa la grande rue au galop.

XIV

Qui avait tiré ces coups de fusil?

Quelle était cette cavalerie qui se précipitait comme une avalanche?

Par les conversations de mes hôtes, je savais que les troupes françaises, qui depuis plusieurs semaines gardaient les bords de l'Andelle, avaient fait un mouvement en avant.

Par ce que j'avais vu dans la journée, je savais aussi que les Saxons établis à Gisors opéraient un mouvement du même genre, mais en sens contraire de celui des Français.

Ces deux troupes s'étaient-elles choquées en se

rencontrant à Étrépagny ? C'était là le probable. Mais ce qui me paraissait absolument inexplicable, c'était la course de cette cavalerie peu nombreuse ?

Si c'était de la cavalerie française, comment avait-elle l'audace de se jeter au milieu des troupes saxonnes ?

Si c'était de la cavalerie allemande, comment ne s'arrêtait-elle pas au centre du pays, en se trouvant appuyée sur son infanterie et son artillerie ?

La nuit était tellement noire qu'il nous avait été impossible de distinguer les uniformes ; nous avions vu des hommes et des chevaux descendre le pavé au galop, et c'était tout. En quelques secondes, le flot avait passé et l'on entendait les fers des chevaux sonner sur le pont, à l'extrémité opposée de celle où avait éclaté la fusillade.

— On se bat à la briqueterie, me dit mon paysan.

— Où est-ce ?

— A l'entrée de la route de Rouen.

— Est-ce loin ?

— Non.

— Allons-y.

Il eut un moment d'hésitation, mais qui ne dura pas.

— Allons-y, dit-il.

J'armai mon revolver.

— Si nous suivons la grande rue, dit-il, nous allons être pris entre deux feux.

C'était raisonner en homme qui connaît le pays, car les Français descendant la route de Rouen et les Saxons la montant, nous nous trouvions placés entre les deux partis.

— Peut-on prendre un chemin détourné ?

— Oui, par la rue de l'Église.

Étrépagny, comme tous les villages qui sont bâtis sur une grande route, est beaucoup plus long que large. Peu à peu, à mesure que le pays a prospéré, les maisons se sont posées les unes à côté des autres et elles se sont toutes alignées sur la route de Paris à Rouen, qui forme ce qu'on appelle la grande rue, et qui est vraiment une rue avec une double bordure de maisons et de murs, sur une étendue d'un grand kilomètre. C'est seulement au centre du bourg et le long de la rivière que les habitations se sont groupées et ont débordé en largeur. Sur cette grande rue viennent s'embrancher plusieurs chemins latéraux qui se dirigent vers les champs.

La rue de l'Église que nous devions prendre était sur la gauche, et, sans connaître le pays, je com-

13.

pris qu'elle nous conduirait à la briqueterie par un détour.

Mais ce qu'il y avait d'étonnant, c'est que nous n'entendions plus de détonations. Après les coups qui nous avaient surpris et la galopade qui nous avait passé devant les yeux, le silence s'était rétabli.

Dans la rue que nous suivions, personne; dans les maisons, pas de bruit, pas de lumières; l'horloge de l'église sonna une heure.

— C'est une farce des francs-tireurs, dit-il; quand nous arriverons à la briqueterie, ils seront déjà au Thil.

— Et la cavalerie?

— C'est vrai, je n'y comprends rien; mais si vous voulez aller, allons.

Je ne comprenais pas beaucoup mieux que lui, mais cependant j'étais loin de croire à une farce comme il disait. D'ailleurs, une sourde rumeur qui s'éleva et qui semblait partir de partout indiquait qu'il allait se passer quelque chose, si ce quelque chose n'était pas déjà commencé: c'était comme un bruit de pas, un cliquetis d'armes, une confusion de voix étouffées.

J'avais hâte d'arriver à cette briqueterie, car si les Français voulaient tenter une attaque sur Étrépagny, il fallait les avertir qu'il y avait de l'artillerie sous les halles, et que cette artillerie n'avait que quelques pas à faire pour se mettre en batterie dans la grande rue et balayer tout devant elle. Ce serait un carnage terrible au milieu de la nuit et sans aucune chance de succès pour l'attaque.

Enfin, nous arrivâmes dans les champs.

— Là est la gare, me dit-il; en face, de l'autre côté de la route, est la briqueterie.

— Attention! marchons doucement, et si vous entendez tirer, couchez-vous.

Mais nous n'entendîmes pas le moindre coup de fusil, pas le cri d'une sentinelle; rien, le silence lugubre.

Que s'était-il donc passé? C'était incompréhensible, et si j'avais été seul, je me serais cru sous le poids d'un cauchemar.

Cependant, au-dessus des maisons que nous venions de quitter, la rumeur augmenta : toutes les conjectures étaient possibles.

— On a tiré sur les Saxons, dis-je; ils ont été pris de panique, ils se sont repliés; ils vont revenir en force, et ils ne trouveront personne.

— Alors nous pouvons rentrer, n'est-ce pas? s'ils nous rencontraient, ils nous feraient un mauvais parti : à vous surtout qui avez un revolver; si vous saviez comme ils ont peur des gens armés! il y a eu chez nous des personnes fusillées, parce qu'on a trouvé dans leurs jardins des fusils qui y avaient été jetés par-dessus les murs.

— Peut-on éviter la grande rue?

— Oui, nous allons passer par derrière.

Nous revînmes sur nos pas pour gagner notre maison, qui était aux abords de la rivière, c'est-à-dire à l'extrémité du pays vers Gisors. Nous marchions avec précaution, car il était bien certain que si les Saxons nous apercevaient, ils nous feraient les complices de ceux qui venaient de les alarmer, et alors notre affaire ne serait que trop claire. Puisque l'attaque des Français était une feinte, le mieux était de se coucher. Heureusement la ruelle par laquelle nous passions, et qui me paraissait longer des jardins et des murs, était absolument déserte.

— Est-ce que cette ruelle va jusque derrière la maison de votre belle-sœur?

— Non; il va falloir que nous prenions la grande rue et le pont.

En approchant de cette grande rue, le bruit devint plus distinct; des portes s'ouvraient avec fracas, on entendait des hommes courir sur le pavé. Deux soldats passèrent rapidement près de nous, mais sans nous voir; ils paraissaient affolés par la peur.

— Il y a eu de la cavalerie, dit l'un de ces soldats en allemand, puis de l'infanterie; je ne dormais pas, je les ai entendus défiler sur le pavé.

Ceci devenait grave, car il ne pouvait parler que de cavalerie et d'infanterie françaises; la cavalerie était donc celle qui avait passé devant nous; l'infanterie avait descendu la grande route tandis que nous faisions notre détour par les champs.

C'était là la seule hypothèse possible, mais alors il était difficile de comprendre comment l'artillerie saxonne campée aux halles n'avait pas balayé les Français, ou comment ceux-ci avaient passé auprès de cette artillerie sans s'en emparer.

La seule chose certaine, si le certain pouvait se trouver au milieu de cet imbroglio nocturne, était que les Français marchaient maintenant du côté de Gisors. Comment s'était opéré ce changement de position? C'était ce qui restait à expliquer. Mais pour le moment, cela nous importait peu.

— Dépêchons-nous, dis-je.

— Marchons le long des maisons.

La précaution était bonne, car sur le milieu de la chaussée on entendait le pas de soldats saxons qui couraient çà et là, perdus dans l'obscurité et s'appelant les uns les autres.

En passant devant une porte ouverte, un soldat qui ne nous voyait pas se jeta sur moi, mais j'étais sur mes gardes, tandis qu'il n'était pas sur les siennes ; je le repoussai si rudement qu'il alla tomber sur la chaussée, où son fusil fit un bruit de ferraille. Avant qu'il fût relevé, nous étions loin et nous avions passé le pont.

— Nous rentrons, me dit mon guide, qui, sans être poltron, avait des habitudes de prudence.

— Nous cherchons nos soldats.

Sans répliquer, il passa devant la porte, et nous commençâmes à gravir la pente douce qui monte vers Gisors.

Alors nous entendîmes bien distinctement le bruit d'une troupe en marche, puis le commandement de « halte ! »

Presque en même temps il se fit un grand bruit derrière nous : c'était de la cavalerie qui arrivait.

L'instant était décisif, et pour nous, placés entre les deux troupes, la position était critique. Nous courûmes vers les Français, mais la cavalerie qui arrivait allait vite. Nous nous jetâmes dans le fossé.

La même voix qui avait ordonné la halte, commanda : « Feu ! »

Et alors, aux lueurs fulgurantes d'une double

décharge, je vis une chose extraordinaire, épouvantable : les soldats français s'étaient alignés de chaque côté de la route, laissant libre le milieu de la chaussée; la cavalerie saxonne ne voyant rien devant elle, s'engagea dans ce passage, et au commandement de faire feu, partit des rangs français, à bout portant, une terrible fusillade qui renversa hommes et chevaux.

Ce fut un éclair au milieu de la nuit, puis tout rentra dans l'obscurité; on entendit des jurons allemands, des cris français et les coups de baïonnettes qui frappaient sur le fourniment et s'enfonçaient dans les chairs. Pendant ce temps les cavaliers qui n'avaient pas été démontés retournaient au galop vers le village.

Le feu ayant cessé, il fallait s'approcher des troupes françaises et prévenir leur commandant que les Saxons allaient arriver avec de l'artillerie et de l'infanterie. J'appelai mon compagnon, il avait disparu pendant la lutte.

Alors je m'avançai seul, mais je n'eus pas à aller loin. La troupe avait repris son ordre de marche et s'avançait vers le village.

Dans la nuit j'étais exposé à être pris pour un Allemand et à recevoir comme tel une balle ou un coup de baïonnette; aussi je me mis à crier :

— Français, paysan !

On m'entoura et j'expliquai à un officier la position des Saxons ; en même temps, par les quelques mots que j'entendis, je compris celle des Français.

Les troupes de la vallée de l'Andelle s'étaient divisées en trois colonnes pour attaquer Gisors sur trois points différents, au nord, à l'ouest et au sud ; la colonne du milieu était celle qui se trouvait en ce moment aux prises avec les Saxons, car, par une coïncidence étrange, les Allemands s'étaient mis en route pour attaquer les Français au moment même où ceux-ci partaient pour attaquer les Allemands. De là cette rencontre à Étrépagny, qui n'avait été prévue ni de l'un ni de l'autre côté.

La cavalerie qui avait traversé la ville au galop était la cavalerie française ; c'était sur elle qu'avaient été tirés les coups de fusil qui nous avaient surpris. Mais cette cavalerie, croyant n'avoir affaire qu'à quelques éclaireurs, et non à une force sérieuse, avait passé outre, continuant son mouvement sur Gisors, et laissant à l'infanterie, qui venait derrière, le soin de se débarrasser de ces éclaireurs. Cette infanterie, ou plus justement l'avant-garde, avait rapidement traversé le bourg sans voir l'artillerie saxonne, qui elle-même n'avait pas vu les Français.

Si incroyable que cela puisse paraître, cela s'était cependant passé ainsi. Et c'était seulement en montant la côte vers Gisors et en entendant de la cavalerie arriver derrière lui, que le commandant de cette avant-garde, qui savait que sa cavalerie avait pris les devants, avait eu la présence d'esprit de se former pour recevoir cette attaque à bout portant. Puis après cette décharge, dont j'avais vu les terribles effets, il avait ordonné un mouvement de contre-marche, soit pour poursuivre les ennemis, soit pour se replier sur son centre, qui devait être à l'entrée du bourg du côté de Rouen.

La situation était donc celle-ci : au centre les Saxons ; aux deux extrémités opposées du bourg, c'est-à-dire à l'entrée et à la sortie, les Français. Les Saxons se trouvaient pris entre deux feux, mais s'ils avaient la présence d'esprit de mettre leurs pièces en batterie, ils pouvaient balayer la route dans les deux directions et faire le plus grand mal aux Français.

Les troupes avec lesquelles je marchais ne se doutaient pas de ce danger ; elles étaient troublées par le combat qu'elles venaient de livrer, et elles croyaient avoir les ennemis derrière elles, tandis qu'elles les avaient devant.

Pour moi, je m'attendais à chaque instant à l'arrivée d'un obus ou d'une volée de mitraille ; mais je me gardais bien de faire part de mes idées à mes voisins. Ces réflexions sont toujours mauvaises à communiquer, et d'ailleurs elles pouvaient n'être pas justes, car pendant l'engagement de l'avant-garde, le centre avait sans doute descendu la route, et alors il s'était emparé des pièces saxonnes.

En approchant des halles, je crus que cette conjecture s'était heureusement réalisée ; car, sur la petite place où j'avais vu l'artillerie remisée, on entendait un grand bruit de voix, et dans l'obscurité des ombres nombreuses allaient et venaient rapidement. Sans doute c'étaient nos soldats.

Mais une décharge de notre troupe m'apprit que je m'étais trompé : « En avant ! en avant ! » crièrent les officiers. On se précipita sur la place au milieu des coups de fusil, et l'on sauta sur une pièce d'artillerie attelée, tandis qu'au coin de la rue on entendait le roulement des autres pièces, qui se sauvaient au galop par un chemin latéral, sans que les artilleurs saxons sussent où ils allaient.

L'artillerie n'était plus à craindre, mais la lutte n'était pas finie. Des maisons, des fenêtres partaient des coups de fusil tirés au hasard, qui faisaient des victimes. Nos troupes répondaient, et l'on se fusillait au hasard. C'était un roulement de chassepots, comme si l'on avait eu devant soi un ennemi visible.

— En avant! en avant! criaient les officiers.

Mais où aller en avant? On ne connaissait pas le pays, les habitants ne se montraient pas, les fenêtres restaient closes, et l'on n'avait d'autres lumières que les éclairs rapides des coups de feu. Il est certain que, dans cette nuit sinistre, les Français ont tué des Français, les Saxons des Saxons.

Au milieu des détonations, du galop des chevaux, du piétinement des hommes, des balles qui sifflaient, des plaintes, des jurons, des cris, j'ai compris le danger et l'horreur de ces combats nocturnes, dans lesquels le hasard est le seul maître.

Cependant un peu d'ordre commença à se mettre dans la lutte : les troupes du centre descendirent dans le bourg, venant à la rencontre de l'avant-garde et des habitants, en très-petit nombre, il est vrai, sortirent de leurs maisons pour guider nos soldats.

On fouilla les maisons, les jardins où les Saxons s'étaient réfugiés et l'on fit une centaine de prisonniers : des détonations partant çà et là indiquaient que toute résistance n'était pas éteinte et que ceux des ennemis qui ne se rendaient pas étaient tués.

Mais ces recherches se faisaient un peu au hasard, et comme dans le désordre de la nuit et la surprise de l'attaque on n'avait pas pensé à occuper les chemins latéraux qui débouchent dans la campagne, un grand nombre de Saxons purent s'échapper en désordre par ces chemins, et les uns après les autres regagner Gisors, après avoir erré dans la plaine.

Comme je ne connaissais pas le pays, je ne m'étais pas mêlé à ces recherches, et j'étais resté avec des soldats du 2° régiment de marche qui occupaient la grande rue ; ceux-là précisément qui avaient fait sur la cavalerie saxonne la fusillade à bout portant dont j'avais été témoin.

Malheureusement, nous étions depuis le commencement de la guerre si bien déshabitués de la victoire, que personne ne voulait croire à l'avantage qu'on venait de remporter.

— Ils vont revenir, disaient les soldats.

— Mais vous avez pris un canon, trois caissons, vous avez fait cent prisonniers, vous avez tué deux ou trois cents ennemis, c'est un succès considérable.

— Ils vont revenir en force et nous écraser.

Ce bataillon de marche, composé avec les débris du 41° et du 94°, avait tant souffert depuis l'entrée en campagne qu'il lui était bien permis de n'avoir plus d'espérance. Les hommes mal nourris et encore plus mal payés avaient la conviction d'être dans un régiment « qui n'a pas de chance », ils s'étaient trouvés partout pour éprouver des pertes; après Arthenay et Orléans on les avait promenés en chemin de fer dans toutes les directions, et ils disaient que vingt fois ils seraient morts de faim si leurs officiers n'avaient pris dans leurs poches pour les nourrir.

Ce qui était arrivé à Coulmiers, où, après la victoire, on n'avait pas osé poursuivre les Bavarois, de peur d'un retour offensif, se reproduisit à Étrépagny, avec la seule différence qui sépare une bataille d'un petit combat : le prestige de nos ennemis paralysa nos mouvements. On avait vaincu, mais personne n'osait le croire.

Cela fut bien sensible lorsque nous entendîmes le bruit d'une cavalerie marchant sur le pavé.

— V'là les Prussiens, dirent les soldats.

Ce n'étaient pas les Prussiens, c'était le général français et la cavalerie qui, au début de l'engagement, avaient traversé Étrépagny au galop.

Jusqu'où avaient-ils été du côté de Gisors? Nous n'en savions rien; mais loin sans doute, puisqu'ils n'étaient pas revenus sur la formidable fusillade qui avait éclaté derrière eux. Maintenant que le combat était fini, ils arrivaient.

— Pourquoi ne m'avez-vous pas suivi? dit le commandant de cette cavalerie, vous m'avez abandonné.

— Mais nous avons battu les Saxons.

— Pour quelques éclaireurs, ce n'était pas la peine de s'arrêter.

— Nous avons fait cent prisonniers.

— Allons donc !

— Pris un canon.

— Un canon ?

— Trois caissons.

On lui expliqua ce qui s'était passé, et alors il parut satisfait et fier d'avoir gagné la bataille.

Après ce succès, il était à croire que les troupes françaises allaient marcher en avant. Mais, au contraire, elles reçurent l'ordre de se replier sur Ecouis.

Les lueurs incertaines du petit jour nous montrèrent la grande rue encombrée de cadavres d'hommes et de chevaux : les devantures des boutiques étaient déchiquetées par les balles, et les habitants qui se décidaient à sortir de leurs caves apparaissaient pâles d'épouvante, s'interrogeant les uns les autres, poussant des exclamations de surprise ou d'horreur ; des morts étaient couchés contre les portes, et à certains endroits des mares de sang faisaient des taches noires sur le pavé de la route.

Cependant on se réjouissait et on se serrait les mains. Ils avaient donc été battus, ces ennemis arrogants qui la veille s'étaient endormis dans l'ivresse, et qui ne s'étaient réveillés que pour mourir! On s'entassait aussi autour des chariots qui avaient été abandonnés, et l'on regardait curieusement ce qu'ils contenaient : des pièces de toile, des rouleaux de drap, des vêtements de femmes.

Pour moi, regagnant la maison où l'on m'avait reçu, je me disais que pour laisser ce pays sans défense il fallait des raisons bien graves, car les Allemands ont l'habitude de se venger cruellement des défaites qui leur ont été infligées. Que ce soit sur ceux qui les ont battus, que ce soit sur d'autres, peu importe. Ils donnent une leçon; et ce sont de féroces magisters; je me souvenais d'Ablis brûlé par eux, parce que les francs-tireurs leur avaient enlevé quelques hommes dans ce village.

XV

J'avais hâte de partir pour Rouen; mais dans le désordre où l'invasion de la veille et la bataille de la nuit avaient mis le pays, on ne pouvait me donner tout de suite une voiture : il fallait aller chercher un cheval dans une ferme éloignée où il avait été conduit de peur des réquisitions saxonnes, et bon gré mal gré je devais attendre.

Pour passer le temps je demandai à dormir, car j'étais brisé de fatigue; ce combat dans la nuit, au milieu des maisons, sur un espace resserré et au hasard, ces cadavres que les habitants descendaient dans la rue, tout cela m'avait ému et troublé autant qu'une grande bataille.

Les braves gens qui me logeaient, me voyant dormir à poings fermés, n'avaient point voulu m'éveiller, et quand j'ouvris les yeux, je vis qu'il était tard.

— Vous dormiez si bien, me dit en souriant la femme du voiturier.

— Puis-je partir?

— Le cheval est garni, il n'y a plus qu'à atteler; vous serez à Rouen ce soir de bonne heure.

Mais, au moment où j'allais monter en voiture, il se fit dans la rue un grand mouvement; on entendit le bruit d'une troupe en marche, et les enfants se précipitèrent dans la maison en criant : Les Prussiens!

C'étaient les Saxons, qui, nos troupes parties, revenaient se venger comme je l'avais prévu.

En un instant, le bourg fut occupé par eux, avec cette habileté et cette rapidité qu'ils déploient dans ce genre d'opération : les portes, les fenêtres qui étaient fermées furent enfoncées à coups de crosses et de haches. La résistance était impossible : il n'y avait pas d'armes dans le pays, et les Saxons étaient en force.

Ils entrèrent dans les maisons, et brutalement ils forcèrent les habitants à sortir: prières, supplications furent inutiles; femmes, enfants étaient poussés dehors.

Qu'allait-il se passer ?

L'attente ne fut pas longue : ils déclarèrent qu'ils avaient l'ordre d'incendier le bourg.

— Vous, avoir caché chez vous les soldats français, disaient-ils, et avoir tiré sur nous ; nous mettre le feu partout.

Et ils riaient ou ils juraient selon leur humeur, gaie ou violente. Cette double accusation était fausse, les habitants n'avaient point caché chez eux les soldats français, et ils n'avaient pas davantage tiré sur les Saxons ; mais qu'importait ? il fallait un prétexte à la leçon ; autant celui-là qu'un autre.

En passant auprès d'un groupe d'officiers, j'entendis des personnes qui paraissaient être les notables du pays représenter qu'il n'était pas possible d'incendier ainsi une ville innocente et sans défense.

— Bien désolé, dit un des officiers, de ne pouvoir satisfaire des personnes aussi vénérables que vous, mais nous avons des ordres. Le général, qui n'est pas venu jusqu'ici, est resté là bas, — il indiqua la direction de Gisors, — il faut qu'il voie le feu.

Une maison portait un drapeau de la convention de Genève ; c'était une ambulance dans laquelle se trouvaient les blessés de la nuit ; cependant les soldats entassaient de la paille contre sa façade, et ils ne s'en allèrent que devant les supplications d'une sœur de charité qui courait des uns aux autres les mains jointes.

Dans un grand magasin d'épicerie, en face des halles, d'autres soldats étaient occupés à tremper les livres de commerce dans des sceaux de pétrole.

On nous conduisit dans la plaine, derrière les maisons ; les femmes pleuraient, les enfants criaient, il fallait marcher ; des soldats nous accompagnaient et l'on était gardé de manière à ne pas pouvoir revenir dans le bourg. On serait témoin de l'incendie. Un vieillard qu'on me dit être le juge de paix suppliait les soldats pour qu'on lui permît d'aller chercher sa femme restée dans la maison.

— Elle est paralysée, disait-il, elle ne pourra pas se sauver ; elle sera brûlée : laissez-moi l'emporter.

Il se mit à genoux sur la terre.

Je n'avais ni amis, ni intérêts dans ce malheureux pays, et cependant j'étouffais d'angoisse, de pitié et de colère.

Bientôt la fumée s'éleva en petits tourbillons d'une extrémité à l'autre du bourg. Il y avait des endroits qui avaient été épargnés ; dans d'autres, au contraire, cette fumée s'élevait de deux en deux maisons, montrant ainsi qu'on avait opérée méthodiquement : le feu se communiquerait de maison en maison; on s'était épargné de l'ouvrage inutile.

Mais le calcul avait été fait plus juste encore, car on n'avait allumé les incendies que dans la ligne exposée au nord; le vent, soufflant en bourrasque de ce côté, enflammerait les maisons alignées au sud.

A la fumée se mêlèrent bien vite des gerbes de flammes; sur l'espace de plus d'un kilomètre le bourg flambait.

— Ils auront beau faire, dit en allemand un soldat, nous avons coupé les tuyaux des pompes.

Mais qu'auraient fait les pompes contre un pareil foyer? L'embrasement se communiquait par les bâtiments des fermes couverts en paille, par les remises, par les bûchers, et le vent soulevait les tourbillons, qui s'abattaient çà et là en nappes de feu.

Les animaux domestiques, vaches, chevaux, moutons, couraient éperdus, et quand ils passaient à portée d'un soldat, celui-ci les éventrait d'un coup de sabre.

Terrifiés, frappés de stupeur, anéantis par une sorte de paralysie morale, les habitants regardaient ce désastre comme s'ils ne comprenaient pas que c'étaient leurs maisons, leurs meubles, leurs objets d'affections qui brûlaient devant leurs yeux

Cependant, la trompette sonna le départ. L'incendie était dans toute sa force, et tout secours était maintenant inutile.

Je pensais que les Saxons allaient s'éloigner pour retourner à Gisors ; mais il leur fallait des otages. Ils en choisirent une quarantaine de tout âge et de toute condition, riches, pauvres, vieux, jeunes, et je ne sais pourquoi ils me mirent dans le tas. J'essayai de protester en disant que je n'étais pas du pays ; on ne m'écouta pas, il fallut marcher. Plusieurs de ces malheureux étaient blessés, et l'un de mes voisins, qui avait voulu résister aux violences, avait reçu un coup de sabre à la tête. Des ouvriers, pris au milieu de leur travail, étaient en bras de chemise.

Nous n'allâmes pas bien loin. Arrivés à l'extrémité du bourg, dans la partie où la cavalerie saxonne était venue se jeter sur notre infanterie, on nous poussa sur l'accotement de la route, et, sans rien nous dire, on nous aligna à coups de plat de sabre.

Je crus que c'était pour nous compter, mais c'était là une erreur naïve : ce n'était point assez d'avoir imposé à ces pauvres gens l'angoisse de voir brûler leurs maisons, il fallait plus encore.

L'infanterie saxonne vint se placer en face de nous, et les armes furent chargées. Ce fut un moment cruel pour tous; ils allaient nous fusiller.

Ces quelques minutes sont assurément les plus désagréables de ma vie, et je ne les oublierai jamais. Le courage nécessaire pour charger un régiment d'infanterie dans une bataille, comme nous l'avions fait à Sedan, ne ressemble en rien à la force d'âme qui doit soutenir le corps lorsqu'on se trouve en face d'un peloton d'exécution.

Un officier ordonna lentement les divers commandements par lesquels on passe avant d'arriver à celui de « en joue, » puis tous les fusils s'abattirent vers nous.

Mais bientôt ils se relevèrent; c'était un fusillement pour rire, et qui n'avait eu d'autre objet que de nous donner l'émotion de ce genre d'exercice. Il faut croire que nous avions fait de singulières figures, car les soldats s'en amusèrent beaucoup. Pendant la route, ce fut un inépuisable sujet de plaisanteries.

On me garda quatre jours à Gisors sans vouloir écouter mes explications; mais il est juste de dire que, quand à la fin je pus trouver quelqu'un à qui parler, on me rendit la liberté en me témoignant la regret de m'avoir arrêté.

On avait cru que j'étais d'Étrépagny, et les gens d'Étrépagny méritaient d'être tous fusillés « pour leur manière déloyale » de faire la guerre. Mais puisque j'étais marchand de bestiaux, puisque j'avais un laisser-passer délivré à Versailles, c'était différent. J'avais droit à la protection des Allemands.

On poussa les égards qu'on rendait aux mauvais Français, fournisseurs des armées allemandes, jusqu'à me restituer l'argent qu'on m'avait enlevé. C'était pour un bon usage.

Aussitôt libre, je repris ma route vers Rouen. Seulement, maintenant, il ne pouvait plus être question de voiture ; je partis à pied et passai de nouveau dans Étrépagny. Cinquante maisons étaient détruites, et de leurs décombres s'élevait cette fumée âcre et nauséeuse que j'avais tant de fois déjà respirée depuis le commencement de la guerre, à Bazeilles et sur les ruines de ma propre maison.

Parti tard de Gisors, je ne pus pas arriver à Rouen le jour même et je couchai dans une ferme où l'on voulut bien me recevoir. Pendant ma captivité, les Allemands avaient marché en avant, et bien que les routes fussent coupées par des fossés ou encombrées par des abatis d'arbres, ils n'avaient rencontré de résistance nulle part. Pendant la soirée, le fils du fermier arriva de Rouen et raconta que la ville venait d'être occupée par les Prussiens. Après avoir décidé la défense à outrance et prévenu la garde nationale qu'il y aurait bataille le lendemain, on avait pendant la nuit dirigé les troupes sur le Havre, et la ville, qui était décidée à la lutte, s'était réveillée abandonnée.

Les Allemands à Rouen, je ne pouvais plus prendre le chemin de fer comme je l'avais espéré. Je changeai mon itinéraire, décidé à gagner la ligne de Serquigny, et, si celle-ci était déjà aux mains de l'ennemi, à pousser jusqu'à Honfleur. Ces retards successifs, ces empêchements qui s'enchaînaient me donnaient la fièvre d'impatience.

Comme je ne savais pas ce qui se passait au delà de Rouen, je trouvai prudent de ne point entrer dans cette ville, de peur de n'en pouvoir pas sortir, et je me dirigeai sur Elbeuf. Mais bientôt j'appris que cette ville était aussi au pouvoir des Prussiens. Alors, je traversai la Seine en bateau pour prendre la grande route de Caen; c'était ma dernière ressource, et comme je n'avais pas de carte, je commençais à perdre la tête au milieu de ces changements de direction.

Les villages que je traversais étaient dans un

complet désarroi, la retraite précipitée des troupes de Rouen et l'invasion rapide des Prussiens avaient affolé les habitants. On ne savait plus ce qu'on faisait, et la vie matérielle elle-même était suspendue ; les boutiques étaient fermées ; les boulangers ne cuisaient plus de pain, les fermiers se sauvaient dans les bois avec leurs bestiaux.

En passant dans un village je trouvai un café attenant à une épicerie qui par extraordinaire n'était pas fermé. J'y entrai et demandai si l'on ne pouvait pas me donner un morceau de pain, car je mourais de faim.

— Du pain! s'écria l'hôtesse, il n'y en a plus dans le pays.

J'insistai et j'offris cent sous d'un croûton de pain et d'un morceau de fromage. On donna à l'argent ce qu'on avait refusé à la prière.

— C'est le pain de notre dîner, me dit-elle, et je ne sais pas si nous en trouverons pour nous. On nous prend tout. Ainsi nous sommes épiciers; hier soir le maire nous demande vingt douzaines de chandelles pour un détachement prussien qui voulait brûler le pays si on ne l'éclairait pas. Des chandelles, nous n'en avions plus. Mais, heureusement, mon mari avait caché du suif et des mèches. Il allume le feu pour faire les chandelles ; mais les Prussiens sentant l'odeur du suif fondu, enfoncent la porte du fondoir; ils étaient plus de deux cents, ils se jettent sur la chaudière et graissent leurs bottes.

Comme je riais de cette histoire de bottes suiffées, il se fit un grand mouvement dans la rue, et une petite troupe de dragons s'arrêta devant le café; ils menaient avec eux, attaché à la sangle d'un cheval, un paysan qui avait toute l'apparence d'un riche fermier.

On le détacha et on le fit entrer dans le café entouré de trois dragons : un officier s'assit à une table, et ayant demandé une bouteille de vin, qui lui fut promptement servie, il interrogea en allemand le sous-officier qui conduisait le prisonnier.

Alors celui-ci raconta, en employant aussi la langue allemande, que ce paysan avait été arrêté parce qu'on avait trouvé chez lui deux fusils cachés dans une cheminée.

— Vous avez caché des armes dans votre cheminée ? dit l'officier en s'adressant au paysan dans un excellent français.

— Je ne peux pas dire qu'on n'a pas trouvé de fusils dans ma cheminée, répondit le Normand, ça ne serait pas vrai.

— Votre affaire est claire; je vais vous faire conduire à Rouen, et vous serez fusillé.

— Mais, monsieur l'officier, ce n'est pas moi qui ai caché ces fusils ; j'ai logé des mobiles; ces fusils leur appartiennent sans doute; ils les auront cachés dans cette cheminée où je ne savais pas qu'ils étaient, ma parole d'honneur !

— Il n'y a pas d'honneur chez les Français. Vous faites la guerre d'une façon barbare ; on vous a dit que vous deviez vous défendre avec des couteaux et des poignards ; cette manière de combattre lâchement vous coûtera cher. Les Allemands sont loyaux, ils veulent la loyauté chez leurs ennemis.

Il fit un geste de la main pour qu'on emmenât le prisonnier. Mais le sous-officier intervint de nouveau et raconta qu'après la découverte des fusils, l'officier qui commandait le détachement avait, par bonté de cœur, taxé le paysan à 3,000 francs. On avait alors réuni les plus riches habitants du village, mais personne n'avait voulu payer ces 3,000 francs.

— Nous sommes de pauvres gens, dit le paysan.

— Pas vrai, interrompit le sous-officier qui avait compris : vous avez six chevaux, sept vaches, trois voitures, quinze cochons, beaucoup d'avoine, beaux meubles, une horloge.

— Vous entendez ? dit l'officier.

— Je ne dis pas non : les chevaux c'est vrai, les vaches c'est vrai, les voitures et les cochons aussi, mais les meubles ce n'est pas vrai ; ils ne sont pas beaux, l'horloge ne marche pas depuis quatorze ans.

— Si vous ne payez pas ces 3,000 francs, on vous emmène à Rouen.

— Mais je ne les ai pas, ces 3,000 francs, bon Dieu, où voulez-vous que je les trouve ?

— Cela ne me regarde pas.

A ce moment un autre paysan entra dans le café; il était endimanché : habit-veste, pantalon de drap, bottes cirées.

— Monsieur l'officier, dit-il, je viens relativement à l'affaire des fusils ; je suis l'adjoint de la commune.

Il tira son écharpe tricolore et la sangla par-dessus son habit.

— C'est pour vous dire, continua-t-il avec l'assurance que lui donnaient ses insignes, que Poulard que voici ici présent est un honnête homme, incapable d'avoir caché des fusils dans la cheminée.

— Les fusils étaient dans la cheminée.

— Peut-être bien.

— Comment, peut-être bien?

— Je ne dis pas non ; seulement, je dis que ce n'est pas lui qui les a cachés. C'est un malheur, et comme on doit réparation du malheur qu'on fait, je viens, au nom du conseil, vous offrir cette réparation, pour que vous le rendiez à la liberté. On s'est réuni, on a fait un effort, parce que Poulard est l'ami de tout le monde, et on a voté une somme pour le racheter. Voilà 100 francs.

Il posa sur la table un rouleau de pièces de cent sous.

— Vous moquez-vous de moi? s'écria l'officier, c'est 3,000 francs.

— 3,000 francs? et où voulez-vous que nous prenions 3,000 francs, monsieur l'officier? Nous sommes une commune pauvre, les bourgeois riches demeurent à la ville. Et puis nous avons eu les réquisitions. Après, ç'a été le passage des mobiles. L'année aussi a été mauvaise. Vous ne savez peut-être pas qu'il a gelé au printemps? Eh bien, il a gelé, c'est moi qui vous le dis.

L'officier se leva.

— Allons, allons, dit l'adjoint, ne vous emportez pas. Nous avons fait ce que nous avons pu, mais puisque ce n'est pas assez, je veux faire quelque chose en plus, moi personnellement, parce que Poulard est mon ami. Voyons, monsieur l'officier, qu'est-ce que vous direz si je mets là sur la table... cinquante francs ?

Et sans attendre une réponse, il aligna sur la table dix pièces de cent sous; puis se redressant :

— Hein, faut-il que Poulard soit mon ami? car je ne suis pas riche ; en France, monsieur l'officier, c'est le maire qui est riche, ce n'est pas l'adjoint.

— Je dis, répliqua l'officier, que c'est 3,000 francs pour racheter la vie de cet homme, qui a mérité d'être fusillé, et qui le sera.

Alors s'engagea une discussion entre l'adjoint et l'officier, qui montra aux prises de la façon la plus curieuse l'âpreté prussienne et la finesse normande. C'était un vrai marché qui se disputait comme pour un cheval. Chaque fois que l'officier se fâchait, l'adjoint augmentait son offre de cinquante francs.

Mais au delà de cinq cents francs le prisonnier commença à manifester une vive inquiétude et à faire à son adjoint des signes désespérés. Puis les signes ne suffisant pas, il le tira doucement par les franges de l'écharpe. Puis enfin voyant que l'adjoint allait toujours en augmentant son chiffre, il intervint brusquement :

— Je ne vaux pas ça, dit-il, la commune ne pourrait pas payer : il faut mourir ; emmenez-moi, monsieur l'offfcier.

Ce fut alors que je compris son jeu et ses paroles ; sachant qu'il aurait à payer plus tard son rachat, il trouvait qu'on allait trop vite ; et il aimait mieux courir la chance d'être fusillé : lorsque les fusils s'abaisseraient, il serait temps de lâcher les trois mille francs s'il était absolument impossible d'en rien diminuer.

Mais on n'alla pas jusque-là ; le Normand vainquit le Prussien. A neuf cent soixante-quinze francs on tomba d'accord.

L'adjoint ajouta aux 150 francs en argent déposés sur la table 825 francs en or, qu'il tira pièce par pièce de sa poche.

— Ce n'est pas à moi, dit-il vivement, c'est l'argent de la commune, la caisse des pauvres, que je portais sur moi pour ne pas la perdre.

Je croyais l'affaire terminée ; mais le Prussien reprit l'avantage.

Quand l'argent fut compté, un dragon s'avança et expliqua qu'en retirant les fusils de la cheminée, il avait brûlé ses bottes.

— Il faut lui payer ses bottes, dit l'officier.

L'adjoint se récria et soutint qu'il n'avait plus un sou. La discussion recommença sans que l'adjoint voulût céder. Mais le dragon, heureusement pour lui, avait l'esprit pratique, il prit l'adjoint par le bras, et au moyen d'une pantomime vive et animée, il lui fit comprendre qu'il devait lui donner ses belles bottes cirées. Il mit son pied à côté de celui de l'adjoint et indiqua qu'il chausserait très-bien les bottes françaises.

De guerre lasse, l'adjoint dut céder. Si je trouve des sabots « à crédit, » dit-il, je donnerai les bottes.

On chercha les sabots; et l'épicière ayant eu la naïveté de dire qu'elle donnerait bien « ces sabots à crédit » il dut défaire ses bottes pour les donner au dragon.

Ce n'était pas encore tout : les affaires d'argent terminées, l'officier s'occupa de celles de la guerre.

— Vous êtes catholique? dit-il à l'adjoint.

— Mais oui.

— Hé bien, jurez-moi qu'il n'y a pas de francs-tireurs dans votre commune, et que vous n'avez pas de fusils?

— Je le jure !

— C'est bien, allez et n'ayez pas peur.

L'adjoint et son ami Poulard se dirigeaient vers la porte, quand le dragon qui avait reçu les bottes les arrêta et prenant l'adjoint dans ses bras, l'embrassa.

— Pas peur, dit-il.

Puis après le dragon ce fut le sous-officier, et après le sous-officier le malheureux adjoint passa par les bras des trois autres dragons.

XVI

Ce soir-là je ne pus pas aller plus loin que La Bouille.

J'avais compté que dans ce village, qui est à Rouen ce que Saint-Cloud et Joinville sont à Paris, un lieu de plaisir où l'on vient le dimanche faire du canotage et des dîners champêtres, je trouverais facilement à souper et à coucher. Mais j'avais compté sans les Prussiens. Déjà ils s'étaient emparés des restaurants, des hôtels, des maisons particulières, et il n'y avait plus la moindre place pour un Français.

Comme il n'était pas prudent, à sept heures du

soir, d'errer dans les rues ou sur les quais, j'allai chez le maire. En route, j'avais entendu un bout de conversation entre deux paysans qui m'avait appris que ce maire, au lieu de garder ses fusils pour les offrir aux Prussiens, comme tant d'autres, les avait cachés dans une carrière. Et cela m'avait donné confiance. Si ce maire, me disais-je, a le courage de s'exposer à se faire fusiller par nos ennemis pour ne pas livrer ses armes, il accueillera un soldat qui veut regagner l'armée.

Au moment où je poussais une porte au-dessus de laquelle brillaient dans la nuit des panonceaux de notaire, deux officiers prussiens, un major et un adjudant m'arrivaient sur les talons. Naturellement je les laissai passer devant moi, et me mis dans un coin ; ce que j'avais à dire n'avait pas besoin de témoin.

— Bureau ? dit le major en entrant.

— Notaire, répondit le maire.

— Très-bien.

Le major porta la main à son casque et fit le salut militaire devant les minutes qui garnissaient les tablettes posées contre les murailles de l'étude. A deux pas derrière lui l'adjudant répéta ce salut.

— Monsieur le maire, continua le major, on m'avait annoncé, en m'envoyant ici, un gros bourg avec de bonnes maisons, mais je vois que votre pays ne produit que des pierres; je vais envoyer chercher des vivres ailleurs. Je vous aiderai à faire vivre les gens du pays.

Et, tournant roide sur les talons, il salua de nouveau les minutes et sortit.

— Vous coucherez chez moi, me dit le maire lorsque je lui eus exposé ma demande, et comme demain matin un jeune homme d'ici désire aller à Bourgtheroulde, vous pourrez partir avec lui; il vous conduira à travers la forêt.

Le jeune homme qu'on me donna pour compagnon de route n'était pas de La Bouille, comme me l'avait dit le maire : c'était un mobile qui, dans la retraite précipitée des troupes de Rouen, était resté en arrière, retenu par une blessure. Il se désolait de ce retard, et surtout d'avoir été forcé d'abandonner son fusil, — un chassepot tout neuf qui n'avait jamais servi, disait-il avec dépit.

— Heureusement, il ne sera pas pris par les Prussiens; la religieuse de l'hôpital l'a caché dans son lit avec ceux des camarades, et elle couche dessus. Les Prussiens, qui se doutaient de quelque chose, ont cherché partout, ils ont fouillé l'hôpital du haut en bas, mais ils n'ont pas osé toucher au lit; et pourtant ils en avaient bien envie.

Les troupes qui avaient évacué Rouen s'étaient retirées sur Honfleur, et les Prussiens les avaient suivies. D'un autre côté, ils faisaient, disait-on, une tentative sur Serquigny pour occuper la jonction des lignes de Normandie; il devenait donc assez difficile de se diriger au milieu de leurs colonnes, qu'on était exposé à rencontrer un peu partout; cependant, grâce à mon compagnon, qui connaissait le pays, nous pûmes arriver à Bernay après une journée de marche de douze heures.

Ce fut là que j'appris ce qui s'était passé depuis mon départ de Tours : la bataille de Champigny et les défaites successives de l'armée de la Loire aux environs d'Orléans. A Gisors, pendant mon emprisonnement, j'avais entendu parler de la sortie de Paris; mais ce qu'en racontaient les Allemands n'était pas de nature à me renseigner : « Pendant leur sortie, mal combinée, disaient les dépêches officielles prussiennes, les Français ont perdu un grand nombre de morts et de blessés. » Cela ne pouvait guère donner l'idée de ce qu'avait été ce grand effort. Plus tard, en traversant les villages, j'avais recueilli des rumeurs qui étaient le contraire de la version allemande : 150,000 Prussiens avaient été tués sous Paris, 50,000 avaient péri dans la Seine, 500 canons avaient été encloués, Bismark était pris, Guillaume fou, Frédéric-Charles malade ; les Bavarois avaient passé du côté des Français, Trochu et d'Aurelle s'étaient embrassés à Épinay (le fameux Épinay inventé par nos stratégistes de Tours). A trois lieues de Rouen, si je m'en étais rapporté au propos des paysans, je me serais dirigé sur Elbeuf, où j'aurais rencontré le général Vinoy, qui venait d'arriver à la tête de la garde nationale parisienne, bousculant tout sur son passage victorieux.

Pourvu qu'il ne fût question que de victoires, on acceptait tout, on répétait tout. A La Londe, je faillis me faire lapider, parce que je ne voulus pas croire qu'Étrépagny était délivré ; on l'avait lu dans un télégramme de Tours reproduit par les journaux de Rouen. Ce qu'on a colporté ainsi de prétendus télégrammes arrivant de Tours est inimaginable. Comme les journaux ne paraissaient plus, ces télégrammes étaient manuscrits ; on se les passait mystérieusement, tous étaient signés « Gambetta. » Et alors il fallait les accepter les yeux fermés, sous peine d'être « un mauvais Français. » Chose curieuse, ce dictateur qui a porté si loin l'art d'accommoder les dépêches télégraphiques au gré de ses désirs ou de ses ambitions, était dépassé par des gens de bonne foi : les imaginations travaillaient et

15.

les rêves patriotiques, se transmettant de bouche en bouche, en arrivaient bien vite à devenir des réalités. On commençait par *on espère*, on passait par *on dit*, on finissait par *on a vu*. Et à tous ces récits se mêlaient des faits miraculeux; dans les couvents on retrouvait des prédictions; et les gens sensés lisaient sans rire les histoires de pauvres servantes qui traversaient les lignes prussiennes pour aller causer avec le général Trochu des destinées de la France.

Les journaux que je trouvai à Bernay ne ressemblaient pas, bien entendu, à ces télégrammes ; mais combien vagues encore étaient-ils dans leurs informations contradictoires ! Qu'avait été la sortie de Paris ? Un échec, une victoire ? c'était assez difficile à démêler : la seule chose certaine était que le général Ducrot avait dû repasser la Marne, ce qui n'indiquait pas une victoire. On parlait aussi d'avantages remportés par nos troupes aux environs d'Orléans, de victoires à Beaune-la-Rollande et à Juranville; mais, malgré ces victoires, Orléans était évacué et notre armée était coupée en deux, de telle sorte que les Allemands pouvaient se jeter sur l'un ou l'autre tronçon, et les écraser tous deux successivement.

Pendant que j'errais à l'aventure aux environs

de Paris, les événements s'étaient précipités, et cette armée de la Loire en qui nous avons mis tant d'espérance était maintenant dispersée. De Pithiviers ou de Montargis il n'était pas impossible à un corps alerte et souple comme le nôtre de gagner la forêt de Fontainebleau en se dérobant à l'ennemi ; mais maintenant d'où partir pour risquer cette expédition ? Comment l'entreprendre ? Existions-nous encore ? Quand j'avais quitté l'armée nous étions aux extrêmes avant-postes, et à vrai dire plutôt dans les lignes allemandes que dans les lignes françaises ; avions-nous pu nous replier en temps et suivre l'armée dans sa retraite ? Je savais par expérience comment nos troupes battent en retraite ; j'avais vu la débâcle qui avait suivi le combat de Beaumont; Orléans n'avait-il pas été un nouveau Beaumont ? Homicourt et mes camarades n'étaient-ils pas tués ou prisonniers ? l'armée était-elle encore une armée ?

Toutes ces questions se pressaient dans mon esprit, irritantes et douloureuses. A Mézidon, un nouveau journal que je pus me procurer vint me rassurer un peu : « Démentez hardiment les bruits alarmants qu'on répand sur l'armée de la Loire, disait une dépêche du ministre de l'intérieur ; ces bruits sont colportés par la malveillance ; vous serez strictement dans le vrai en affirmant que notre armée est en ce moment dans d'excellentes conditions, que son matériel est intact ou renforcé. »

Je savais le gouvernement de Tours disposé à n'accepter, dans tout ce qui se passait, que le bon côté des choses, cependant je me laissai raffermir par cette dépêche. Après une défaite, tout le monde sait qu'une armée n'est pas dans « d'excellentes conditions »; puisqu'on affirmait « ces excellentes conditions, » l'affaire d'Orléans n'était pas aussi désastreuse que tout d'abord on le pouvait craindre.

Au Mans, un mobilisé breton monta dans mon compartiment ; il venait du camp de Conlie. J'avais grande curiosité de savoir par lui ce qu'était ce camp où l'on organisait, disait-on, une puissante réserve; mais je n'en pus rien tirer; à toutes mes demandes il répondait par un seul mot :

— Hélas ! mon Dieu, quelle misère !

— Enfin vous faites quelque chose ?

— Non.

— L'exercice ?

— Non.

— Depuis que vous êtes au camp, vous n'êtes pas restés les bras croisés, vous avez fait quelque chose que vous ne faisiez pas chez vous ?

— J'ai changé de chemise une fois.

— Et les autres ?

— Ils ont changé de général trois fois.

J'avais hâte d'arriver à Tours ; j'y débarquai le jeudi 8 décembre au matin ; et mon premier soin fut de me débarrasser de mon costume de conducteur de bestiaux pour reprendre mon uniforme : j'en avais assez de mon bonnet de fourrure : depuis vingt et un jours, je n'avais pas changé de linge, et je n'avais dormi que trois nuits dans un lit.

Je ne retrouvai pas la ville que j'avais quittée trois semaines auparavant. Plus d'assurance sur les visages, plus d'airs triomphants. Au contraire, partout de la contrainte, de l'embarras. On allait et venait en courant dans les rues, on se parlait bas ; évidemment il se passait quelque chose d'étrange et de mystérieux.

Je me rendis au bureau, où j'avais reçu mes instructions pour tenter d'entrer à Paris. Je n'étais pas fier de raconter mon voyage, mais je devais dire comment et pourquoi je n'avais pas réussi.

Je retrouvai mon fonctionnaire au petit pain de deux sous encore plus affairé que lorsqu'il m'avait reçu pour la première fois. Il entassait des papiers dans des cartons, et au lieu de replacer ces cartons sur leurs tablettes, il les posait à terre les uns pardessus les autres.

Je fus obligé de lui dire qui j'étais et d'où je venais, car il ne me regarda pas. Alors seulement il leva les yeux sur moi.

— Vous n'êtes pas mort? me dit-il avec plus d'étonnement que d'intérêt.

— Vous voyez.

— Mais vous n'êtes pas entré à Paris; c'est la même chose.

— Pour vous, peut-être, mais pas pour moi. Cependant, si je n'ai pas réussi dans ce que vous attendiez, j'ai réuni quelques renseignements qui pourraient peut-être vous être utiles.

Et je me mis à lui expliquer les observations que j'avais faites sur les travaux d'investissement des Prussiens. Pour m'écouter, il suspendit le classement de ses paperasses, et il suivit mon récit sur un plan. Plusieurs fois il rectifia mes explications avec une sûreté qui me montra qu'il en savait plus que moi. Je ne pus m'empêcher de lui dire que, s'il m'avait communiqué ces renseignements avant mon départ, j'aurais peut-être pu ne pas me jeter dans les Prussiens, comme je l'avais fait.

— Nous ne les avions pas, me dit-il.

En effet, j'ai su plus tard que ce plan avec lequel

il contrôlait mon récit avait été enlevé dans Versailles même, à un officier de l'état-major allemand.

Je voulais rejoindre mon corps : je lui demandai où je pouvais le retrouver. Mais il n'en savait rien, et il m'envoya dans un autre bureau.

Là encore, les employés étaient occupés à vider les tiroirs dans des cartons, et à ficeler des papiers qu'ils entassaient pêle-mêle. Personne n'avait le temps de répondre à un simple soldat qui demandait où se trouvait sa compagnie.

— Avec Chanzy, à Vendôme.

— Ou bien avec Bourbaki, à Bourges.

Pour ces gens de bureau, cela n'avait pas d'importance ; mais pour moi, je ne pouvais me mettre à la poursuite de mon commandant, comme je l'avais fait au mois de juillet en Alsace et en Lorraine. Les temps n'étaient plus les mêmes, et les recherches devenaient pour ainsi dire impossibles au milieu du désarroi des armées. Je voulus insister ; on ne me répondit plus, et l'on continua à entasser les dossiers les uns par-dessus les autres.

Dans la cour de la préfecture, j'eus l'explication de cet emballage général.

— Le gouvernement part pour Bordeaux, me dit un fonctionnaire que je connaissais.

— Il y a contre-ordre ! s'écria un nouvel arrivant, on ne part pas; Gambetta a dit qu'il ne céderait pas à la peur de vieilles femmes, et qu'il resterait ici. Si nous quittons Tours, cela produira un effet moral désastreux en province, et si la nouvelle en arrive à Paris, on nous accusera d'abandon et de lâcheté !

— En quittant Tours, nous montrons que nous ne sacrifions point la stratégie à des convenances administratives. Cela sera compris.

Je ne sais si cela fut compris par d'autres, mais cela ne le fut pas par moi. Puisque Chanzy tenait tête avec avantage aux Prussiens; puisque, d'un autre côté, l'armée de Bourbaki était dans d'excellentes conditions, pourquoi abandonner Tours si précipitamment? Après avoir tant de fois accusé les généraux « qui se repliaient en bon ordre, » ne faisait-on pas comme eux, et la prudence du gouvernement n'était-elle pas un peu trop prévoyante? Si la déroute d'une armée est un triste spectacle, la déroute d'un gouvernement en est un plus lamentable encore. Dans les bureaux, dans les hôtels, dans les rues, on ne voyait que des gens empressés à déménager; on se hâtait vers la gare, afin de ne pas manquer le premier train. Et, chose étrange, dans cette confusion précipitée, on essayait de garder encore la superbe confiance des anciens jours.

— C'est pour assurer la liberté du gouvernement, disait-on.

Parbleu! c'est aussi pour assurer sa liberté que le soldat jette ses armes et se sauve devant l'ennemi.

Des renseignements que je pus à grande peine recueillir çà et là, il me parut résulter que mon corps devait être à Bourges; puisque nous opérions au nord-est de l'armée, nous n'avions pas dû rejoindre le général Chanzy, qui se trouvait à l'ouest, et il était logique de croire que nous avions accompagné dans leur retraite les divisions de l'est, soit sur Gien, soit sur Bourges.

Mais il n'était pas facile d'aller de Tours à Bourges; et je pensais à faire la route à pied quand je trouvai une place dans le train de Bordeaux, qui m'emmena jusqu'à Poitiers; de Poitiers, par Saint-Sulpice-Laurière, je rejoignis la ligne de Périgueux à Vierzon.

Aux environs de Châteauroux, je commençai à croire que la retraite de l'armée n'avait point été ce que disaient les dépêches officielles. Des détachements de troupes en désordre, marchant pêle-mêle, cavalerie et infanterie, au milieu des convoyeurs, se dirigeaient dans la direction de Limoges. Tout d'abord, je me refusai à admettre que ce pouvaient être des troupes de l'armée de la Loire; mais il fallut bien enfin se rendre à l'évidence et aux preuves qu'apportaient les gens du pays. Depuis la veille, des soldats passaient et racontaient qu'ils venaient d'Orléans, où ils avaient été trahis.

La déroute avait donc été bien complète, la poursuite était donc bien acharnée, que ces troupes marchaient ainsi, sans oser s'arrêter, après avoir fait plus de 150 kilomètres en quatre ou cinq jours. A mesure que nous approchâmes de Vierzon, le désastre devint de plus en plus évident : les fuyards couvraient les routes; c'était une débâcle.

On m'avait dit que le quartier général devait être à Bourges; au delà d'Issoudun, je quittai le chemin de fer pour gagner Bourges à pied. Partout des troupes déroutées, démoralisées; des soldats ivres, allant devant eux, sans savoir où ils allaient, n'obéissant à personne et n'ayant personne, d'ailleurs, pour les commander; dans les cafés, dans les auberges, des officiers.

A Bourges, il me fut impossible de trouver quelqu'un pour me répondre. La compagnie Homicourt? On avait d'autres soucis. Où était le vingtième corps, où était le quinzième? Il s'agissait bien vraiment d'une compagnie!

Je me mis à chercher, interrogeant ceux qui voulaient bien m'écouter ; mais les cervelles étaient dérangées. Ceux qui répondaient n'avaient point écouté la demande ; ceux qui écoutaient ne répondaient point. Les éclaireurs Homicourt! ils étaient prisonniers; non, ils s'étaient fait écharper, tous tués. —Ce ne sont pas les éclaireurs Homicourt, ce sont les éclaireurs Dropt. — Je les ai vus. — Moi aussi.

Je passai deux jours à chercher ainsi, et je commençais à désespérer, lorsque le hasard me fit rencontrer un homme de ma compagnie. Ni morte ni prisonnière, mais campée tout simplement dans un village, à une lieue de Bourges ; après quelles aventures et quels dangers; ce fut ce qu'Homicourt me raconta.

Oubliée dans la forêt, après le combat de Chilleurs-aux-Bois, la compagnie s'était repliée sur Orléans, mais déjà les Prussiens l'avaient devancée, et ils étaient placés entre elle et la ville. On s'était alors échappé sur Jargeau pour passer la Loire, mais le pont était coupé ; à Châteauneuf, coupé aussi. A Sully seulement on avait pu traververser le fleuve.

Ignorant qu'Orléans était déjà aux mains de l'ennemi, Homicourt avait voulu gagner la ville, et il s'était mis en marche à travers la Sologne. Heureusement pour lui, il connaissait le pays, car, entouré de tous côtés, il avait pu, pendant trois jours, se défiler au milieu des Prussiens sans se faire prendre. De Sully on avait été à Blois, et de Blois on était venu à Bourges, sans camper, pour ainsi dire sans manger, marchant continuellement sous la neige, qui n'avait pas cessé de tomber; hommes et chevaux étaient morts de fatigue.

— Et nous sommes dans les heureux, me dit-il en achevant son récit, car personne de nous n'a été pris, et tout le monde a suivi jusqu'au bout. Nos voisins des Deux-Sèvres, qui étaient 2,500, sont arrivés au nombre de 500 seulement : le bataillon de la Savoie, qui était de 1,200 hommes, n'est plus que de 50 hommes. Et cependant c'étaient de bonnes troupes; par là, jugez des autres.

Je lui montrai le journal où se trouvait la dépêche qui annonçait à la France que l'armée était « dans d'excellentes conditions. » Il haussa les épaules :

— C'est pour sauver la patrie, dit-il. Il paraît que ce prétexte permet le mensonge et l'impudence. On trompe Paris, on ment effrontément à la province. La fin justifie les moyens. C'est de la politique... génoise.

— On prolonge la résistance.

— Oui, mais on perd la république.

— Et maintenant, dis-je, qu'allons-nous faire?

— Maintenant, plus que jamais, j'en reviens à mon projet : il faudra des jours, des semaines, pour réorganiser l'armée ; pendant ce temps, nous ne devons pas rester dans l'inaction. Je vais demander au général l'autorisation .d'opérer dans la Nièvre, pour nous rapprocher de Fontainebleau.

Mais cette autorisation ne fut pas accordée. Ce n'était pas à Fontainebleau que nous devions aller, c'était dans les Vosges et le Jura, avec l'armée de l'Est, agglomérée tant bien que mal et non réorganisée.

XVII

L'idée de reprendre l'offensive avec des troupes telles que celles qui formaient la première armée restera toujours pour moi un fait inexplicable.

On comprend qu'un ministre enfermé dans son cabinet et raisonnant sur des cartes et des tableaux, abstraction faite de la réalité, se soit dit : « Nous avons cent mille hommes à Bourges, Paris est menacé de succomber à la famine dans un délai prochain, il faut coûte que coûte risquer ces cent mille hommes pour débloquer Paris. »

Mais si ce ministre se mêle à la réalité, s'il visite les armées « pour voir ce qu'il y a de bon à en tirer », comme il le dit lui-même, on se demande comment il a pu concevoir ou approuver un plan de campagne qui, au milieu de l'hiver, par la neige et le froid, devait conduire jusqu'en Lorraine une armée incapable de faire vingt lieues en bon ordre. Avait-il donc des yeux pour ne pas voir et des oreilles pour ne pas entendre? Se croyait-il encore au temps de Louis XIV, où la présence du maître « enfantait des miracles. »

Pour plusieurs corps, la retraite d'Orléans avait été une véritable déroute dans laquelle l'armée avait fondu. Avec une grande activité, il faut le dire, on s'était occupé de reformer ces corps ; on avait arrêté les fuyards sur toutes les routes où ils s'étaient dispersés ; on les avait ramenés de force, cherchant les officiers pour les rendre à leurs soldats et les soldats pour les rendre à leurs officiers ; mais ce qu'on n'avait pu rendre ni aux uns ni aux autres, c'était la confiance, la foi en eux-mêmes.

Aussi, lorsque le bruit commença à courir que nous devions opérer dans l'Est « pour couper la retraite aux Prussiens, » presque personne parmi nous ne voulut-il croire à la réalité de ce plan.

— Pour couper la retraite aux Prussiens, disait-on, il faudrait qu'ils fussent en retraite, et ils n'y sont pas.

— C'était ainsi que les choses se passaient autrefois, mais nous avons changé tout cela ; maintenant le cœur est à droite ; les Prussiens font le siége de Paris, nous entrons en Allemagne, « forcément » ils se replient.

— Tous ?

— Ah ! voilà.

On s'efforçait de plaisanter ; mais ceux qui raisonnaient étaient épouvantés de l'aventure dans laquelle on nous lançait au hasard.

— Comme conception stratégique, me dit un soir Homicourt, cela vaut la marche de Châlons sur Sedan; espérons que la fin sera autre.

On disait « espérons, » mais en réalité on n'espérait pas : le ministre, qui était venu pour « nous communiquer sa bouillante ardeur », n'avait pas réussi ; « la flamme » qui l'animait ne s'était point allumée en nous. On obéissait, on était disposé à supporter toutes les fatigues, on était prêt à lutter toujours et quand même, mais on n'espérait plus. Bien entendu, je n'ai pas l'outrecuidance de parler au nom de l'armée et de dire que c'étaient-là les sentiments de tout le monde, mais je parle pour moi, pour mes camarades, pour ceux que je voyais et que j'entendais, officiers comme soldats. Or, ceux-là, pour le plus grand nombre, avaient fait la malheureuse campagne des Vosges ; depuis trois mois on les avait épuisés dans des marches et des contremarches inexplicables, en les laissant manquer de tout, armes, équipements, nourriture ; après les avoir amenés de l'Est à Orléans, on les renvoyait de Bourges dans l'Est; ils obéissaient, ils donnaient leur abnégation, leur dévouement, leur force, ils ne donnaient pas leur confiance parce qu'ils n'avaient plus, parce qu'ils ne pouvaient plus avoir de confiance.

La première condition de succès pour notre expédition, était la célérité. Pendant que l'ennemi nous croyait occupés à nous reformer, il fallait, sans éveiller ses soupçons, transporter plus de 60,000 hommes de Bourges aux environs de Besançon, se jeter rapidement sur les Allemands, les surprendre, les écraser, délivrer Belfort et nous rabattre ensuite sur Paris ou sur le général Faidherbe, suivant les circonstances.

Pour obtenir cette célerité, on nous embarqua en chemin de fer ; mais les chemins de fer, à la fin de décembre 1870, n'étaient plus dans les mains de ceux qui les dirigeaient le puissant instrument qu'on connaît. De Bourges à Saincaize, pour un trajet qui se fait ordinairement en moins de deux heures, il nous fallut douze heures ; de Saincaize à

Nevers, c'est-à-dire pour faire neuf kilomètres, nous employâmes toute la nuit; de dix heures du soir à sept heures du matin on nous laissa sur le pont de la Loire; il était impossible de descendre de wagon ; le vent soufflait glacial et il faisait dix à douze degrés de froid; dans le silence de la nuit, quand les sifflets des machines se taisaient on entendait les glaces se choquer sur la rivière.

Les heures furent longues à passer, on se tassait les uns contre les autres pour conserver un peu de chaleur, mais malgré tout, on tremblait et on claquait des dents. Ce n'était cependant que le commencement de nos souffrances.

Un employé voulut bien nous dire que notre retard était causé par un peu d'encombrement dans la gare, et il nous assura qu'au delà de Nevers on marcherait régulièrement.

A Nevers on ne marcha plus du tout. Il fallait laisser passer devant nous le train du général en chef qu'on était occupé à former; déjà vingt voitures étaient disposées, mais ce n'était point assez pour emporter l'état-major et ses bagages; on en préparait d'autres encore. Malgré les ordres formels qui avaient été donnés, je descendis de wagon et m'en allai en ville. Les renseignements de l'employé ne me rassuraient pas sur les suites de notre voyage, et je voulais prendre mes précautions pour mon cheval, mon brave Forban, que j'avais retrouvé à mon retour de Paris et qu'on avait embarqué à Bourges. J'avais un manteau pour m'envelopper, lui n'avait pas de couverture. Je n'en trouvai pas chez les marchands, et ce fut une honnête boulangère qui consentit à en tirer deux de son lit pour me les vendre soixante francs : elles en valaient tout au plus huit ou dix ; mais je n'avais pas le temps de marchander et je revins en courant, craignant de trouver mes camarades partis. Ils n'avaient pas changé de place ; on travaillait toujours au train du général ; à ses vingt voitures on en avait ajouté cinq autres. Puis après ces cinq voitures en vinrent douze autres, puis successivement d'autres encore ; si bien que la journée entière, pour ainsi dire, s'écoula à former un immense train de cinquante voitures qui ne put être enlevé que par trois puissantes machines. Pour nous, garés sur une voie latérale, nous attendions tremblant de froid.

— Si c'est avec un pareil attirail que nous allons en Allemagne, me dit Homicourt, il nous faudra des mois et des années.

En attendant, il nous fallut un jour et deux nuits pour aller jusqu'à Chagny. Le froid avait redoublé de rigueur ; à la lettre on gelait dans les waggons à bestiaux où nous étions entassés ; des hommes en grand nombre eurent les pieds gelés, nos malheureux chevaux semblaient frappés d'abrutissement; ils se tenaient roides sur les quatre jambes, le dos arqué. On ne savait comment leur donner à boire. Au moment où l'on croyait pouvoir s'occuper d'eux, il fallait repartir, pour s'arrêter en pleine campagne un quart d'heure après, et stationner là durant des heures entières, écoutant les machines siffler et le vent souffler.

— Quand on pense, disait un de nos camarades, que ceux qui ont combiné ce plan et cette marche sont des ingénieurs des chemins de fer ! S'ils ont si bien organisé un service qu'ils connaissent, que doivent être les services qu'ils dirigent sans les connaître ?

Les souffrances furent terribles. Et cependant nous ne fûmes pas les plus malheureux. J'ai vu, quelques semaines plus tard, des soldats du 15e corps qui étaient restés dix jours en wagon pour venir de Bourges à Clerval, et qui avaient stationné trois jours à la même place sans descendre de voiture ; des mobilisés, pour aller de Lyon à Besançon, ont été enfermés pendant cinq jours : le thermomètre marquait 15 degrés au-dessous de zéro. Et ce qu'il y a de caractéristique, c'est que le transport du 15ᵉ corps s'est fait plus d'une semaine après le nôtre : les cruelles épreuves qui nous avaient été imposées n'avaient point été une expérience suffisante.

On nous dit qu'on nous délivrerait de notre emprisonnnement à Chagny, mais cette espérance ne se réalisa pas; on nous envoya dans une autre station où il n'y avait pas de quai de débarquement. Comment faire descendre nos chevaux? Il y avait heureusement parmi nous des gens à l'esprit inventif. On alla chercher dans le village tout ce qu'on put trouver de fagots et on les entassa contre les wagons, de manière à former une pente douce sur laquelle nos chevaux, roidis par le froid et la fatigue, purent se laisser glisser. Plusieurs étaient morts dans les voitures.

Les pieds sur la terre, nous nous crûmes sauvés: cette terre était couverte de neige, mais qu'importait! Au moins nous pouvions marcher, remuer, ne pas nous laisser engourdir par le froid qui nous paralysait. Ceux-là seuls qui seront restés trois jours et quatre nuits en chemin de fer, tassés sur des planches dans des wagons ouverts, par une température de douze à quinze degrés au-dessous de zéro, sentiront bien toute notre satisfaction.

Dans notre train se trouvait une compagnie d'Arabes : les malheureux qui arrivaient d'Afrique étaient à peine vêtus, ou, tout au moins, ils l'étaient d'étoffes trop légères pour les protéger contre le froid : des burnous, des carrés de drap dans lesquels ils s'entortillaient d'une façon pittoresque. A peine débarqués, et pendant que nous nous organisions tant bien que mal, ils s'accroupirent à l'abri d'un hangar et chantèrent leurs prières.

On nous dirigea vers Auxonne ; mais nous n'allâmes pas jusque-là. Un soir, Homicourt me demanda si je voulais l'accompager à Autun où il était envoyé auprès de Garibaldi.

— En chemin de fer ? dis-je épouvanté.

— Non, à cheval.

— Alors, je te suis.

Ce voyage fut pour nous le temps heureux de cette campagne pénible ; nos chevaux avaient retrouvé leur vigueur avec leur liberté ; nous marchions en pays ami, sans crainte de rencontrer les Prussiens, et tout en trottant côte à côte nous devisions amicalement de choses et d'autres ; malgré la neige qui tombait, ce furent deux bonnes journées ; les auberges étaient hospitalières, et je n'oublierai jamais la sensation de bien-être que j'éprouvai à me trouver attablé, à Pomard, devant un haricot de mouton fumant, tandis qu'un feu de sarments flambait dans la cheminée.

Il était dix heures du soir lorsque nous entrâmes à Autun ; après avoir logé nos chevaux dans une auberge, nous nous fîmes conduire au quartier général, et comme nous interrogions notre guide, il se montra très-peu satisfait des troupes qui occupaient la ville.

— Des gens qui arrachent les vignes au lieu de prendre les échalas pour se chauffer, nous dit-il en haussant les épaules, comment voulez-vous qu'on les regarde de bon œil?

L'officier d'état-major qui nous reçut ne se chauffait point avec des vignes arrachées, mais le feu qui emplissait la cheminée n'en était pas moins magnifique : un soldat prussien seul eût trouvé moyen d'y ajouter une bûche : autour d'une table couverte de verres, de cartes à jouer et de petits tas d'or et d'argent, quatre ou cinq officiers étaient assis ; sur un vieux canapé, dans une encoignure, une femme était endormie, ses cheveux noirs déroulés pendaient jusque sur le parquet.

—Le général est couché, dit l'officier d'état-major, il est souffrant ; veuillez me remettre votre dépêche.

Mais Homicourt n'était point homme à se contenter de cette réponse ; il le prit sur un ton qui ne permettait point la réplique, et on nous conduisit auprès de Garibaldi.

L'officier d'état-major n'avait pas voulu nous tromper, le général était couché; cependant nous pûmes arriver auprès de lui. Quand je dis nous, il faut entendre Homicourt; pour moi, je restai dans la pièce qui précédait celle où se trouvait Garibaldi; je n'avais rien à dire, rien à faire, et je n'étais venu là que pour voir, ce dont je m'acquittais consciencieusement.

Par la porte, restée ouverte, j'aperçus le général étendu sur un petit lit de camp, d'une simplicité tout à fait primitive. Pour lire la lettre que lui remettait Homicourt, il fit approcher la lampe qui éclairait la chambre, et la lumière, tombant en plein sur sa tête, je pus le regarder à mon aise. Ce qui me frappa en lui, ce fut la sérénité de sa physionomie : troublé dans son sommeil, il était aussi calme, aussi dispos que si nous l'avions pris dans le moment le plus favorable de la journée. Il écoutait attentivement les explications que Homicourt lui donnait, et ses yeux, d'un bleu pâle, avaient une douceur bienveillante. Il posa quelques questions à mon commandant, et sa voix profonde et vibrante me remua le cœur.

Quel contraste avec ce que nous venions de voir à l'état-major! Cependant, dans cette chambre plus que simple, où tout était réduit au strict nécessaire, il y avait une chose qui m'étonnait, c'était une bouteille posée sur le marbre de la cheminée et qui répandait une odeur qu'on ne s'attendait pas à trouver en pareil endroit; évidemment, cette bouteille, non bouchée, était pleine d'eau-de-vie.

Garibaldi voulut répondre à la lettre qui lui avait été remise, et il s'assit sur son lit; mais le mouvement qu'il fit lui arracha une grimace douloureuse.

Alors un homme que je n'avais pas vu vint prendre la bouteille d'eau-de-vie sur la cheminée, et s'approcha du général. Celui-ci écarta sa chemise, et l'homme, ayant versé un peu d'eau-de-vie dans une tasse, le frictionna doucement. Puis, pendant que le général écrivait sur ses genoux, il vint dans la pièce où je me trouvais.

— Le général est malade? dis-je.

— Oui, très-souffrant; pendant toute la nuit je le réveille d'heure en heure pour le frictionner.

C'était donc à cela que servait cette bouteille qui, pendant quelques secondes, m'avait si fort intrigué. Perclus de douleurs, Garibaldi n'avait pas même deux heures de sommeil tranquille, et cependant, chaque fois que sa présence a été nécessaire, on l'a vu se faire porter en tête de ses volontaires.

Pendant notre voyage à Autun, la concentration de nos troupes s'était tant bien que mal opérée ; on put se mettre en route dans la direction de Vesoul. La terre était couverte d'une neige épaisse, et le froid était si rigoureux que toutes les rivières étaient gelées.

Au temps où j'étais enfant et où je feuilletais sans les lire les livres de mon père, il y avait une gravure que j'aimais à regarder et dont le souvenir m'était toujours resté net et vivace : elle représentait le passage du Wahal, sur la glace, par l'armée de Pichegru, pendant le terrible hiver de 1794.

Ce qui m'avait paru fantastique, les pièces d'artillerie sur la glace, les fantassins tombant à plat ventre, les chevaux glissant des quatre jambes, se réalisa pour nous : le 2 janvier, aux abords de Pesmes, nous traversâmes l'Ognon sur la glace, les Prussiens ayant fait sauter les ponts. Ce fut un spectacle curieux et qui nous mit un peu de gaieté au cœur. Amusez le soldat français, et vous obtiendrez de lui tout ce que vous voudrez. D'ailleurs, on marchait en avant, et le froid, la neige, les privations ne sont insupportables que dans la retraite.

Par malheur on marchait lentement, et il fallut sept jours à l'armée pour franchir les soixante kilomètres qui séparent Pesmes de Villersexel, c'est-à-dire qu'elle fit à peu près deux lieues par journée. Pourquoi n'a-t-elle pas été plus vite? je n'en sais rien, car si mauvaises que fussent les routes, couvertes d'une épaisse couche de neige raboteuse, et si grand que fût l'encombrement causé par l'artillerie et les voitures des convoyeurs qui nous accompagnaient, il est certain que des étapes de deux lieues étaient bien au-dessous de ce qu'elles pouvaient faire.

Pour nous, chargés d'éclairer l'avant-garde, nous étions arrivés aux environs de Villersexel dès le 7 janvier, et partout, depuis ce village jusqu'à Vesoul, nous avions reconnu la présence des Allemands arrêtés dans leur mouvement de retraite, et bien décidés à nous barrer le passage.

La bataille s'engagea le matin, et à voir la façon dont nos troupes se jetèrent sur les retranchements ennemis, l'espérance me revint. Je vis Belfort débloqué, et je crus que nous pourrions peut-être entrer en Allemagne. Les zouaves et les Alsaciens se battirent héroïquement; on sentait que ces derniers donnaient leur vie pour leur pays.

Comme j'avais été chargé de porter un ordre à un officier de zouaves, un vieux soldat s'approcha de nous; un éclat d'obus lui avait enlevé la main gauche et fracassé trois doigts de la main droite.

— Mon capitaine, dit-il en tendant les deux bras, c'est pour vous demander la permission de m'éloigner un moment, afin de me faire poser quelque chose là-dessus.

C'étaient là vraiment des hommes.

Le village fut emporté, puis il fut repris par les Allemands, et finalement il nous resta. Le château, incendié par les obus ou par la main des ennemis, brûla avec les blessés qui se trouvaient dedans.

C'était un avantage important, mais il ne s'agissait pas d'une seule bataille à livrer : les Allemands avaient eu le temps de se retrancher, et nous arrivions devant une série de positions à emporter. Quelques jours plus tard, il en fut d'Arcey comme il en avait été de Villersexel. Puis on arriva sur les bords d'une rivière, la Lisaine, qui nous séparait de Belfort, dont nous n'étions plus éloignés que de quelques lieues.

Depuis que nous étions en marche avec Belfort pour objectif, les Allemands avaient choisi leurs positions défensives, sur lesquelles ils avaient amené de grosses pièces de siége ; et ils avaient fait des bords escarpés de cette rivière une véritable place forte.

Pendant trois jours, du 15 au 18 janvier, nos

troupes l'attaquèrent sur toute la ligne ; mais que pouvaient des hommes contre des retranchements, que pouvaient nos pièces de 4 contre des pièces de 24 ? pour amener notre artillerie en ligne, nous n'avions que des sentiers roides et étroits, rendus impraticables par la neige ou le verglas, tandis que, derrière leurs épaulements, nos ennemis nous bombardaient à leur aise ; leurs obus énormes venaient faire d'affreux ravages dans nos rangs, et les nôtres allaient éclater inoffensifs en avant de leurs abris. Plusieurs fois on lança nos hommes pour tenter de forcer le passage de la rivière, mais les canons ennemis qui enfilaient la vallée nous prenaient en flanc et nous écharpaient. On se repliait, puis l'on recommençait. Jamais peut-être le caractère français n'a montré pareille tenacité.

Pendant ces trois journées, la canonnade ne cessait que pendant la nuit. Mais ces nuits ne nous apportaient pas le repos. On campait dans la neige et il était défendu d'allumer des feux, qui nous auraient exposés à un furieux bombardement. Sur ces plateaux élevés, le vent soufflait âpre et glacial, et, si l'on s'asseyait sur une pierre en lui tournant le dos, il vous couvrait bientôt d'une neige fine qui s'amoncelait petit à petit contre l'obstacle qu'elle rencontrait. Pour nourriture, nous avions du biscuit et du lard cru, pour boisson de la neige que l'on faisait fondre dans sa bouche. Encore étions-nous bien heureux d'avoir ce biscuit et ce lard, car des régiments appartenant au corps de Cremer restèrent trente-six heures sans manger. Nos chevaux n'avaient ni foin, ni avoine, et pendant ces trois jours j'ai nourri le mien avec des fagots que je lui coupais; n'ayant jamais été engagé pendant cette bataille, c'est à cela que s'est borné mon rôle : j'ai coupé du bois pour empêcher mon cheval de mourir de faim.

Enfin, le 18 au matin, on se mit en retraite, et ce fut alors que commencèrent les véritables souffrances du soldat.

XVIII

On a reproché au général Bourbaki de n'avoir pas persévéré dans son entreprise. Un quatrième assaut, a-t-on dit, aurait enfoncé les Allemands, qui se croyaient perdus et qui déjà levaient le siége de Belfort.

Cela peut être juste.

Mais cette quatrième attaque était-elle possible pour nous?

Si l'on admet que la lassitude et le découragement avaient pu s'emparer des Allemands, solidement retranchés, bien pourvus de munitions, de vivres et de vêtements, sachant qu'ils seraient bientôt secourus et qu'en tous cas leur retraite était facile, croit-on que nous pouvions échapper à l'influence de cette lassitude et de ce découragement, nous qui nous trouvions dans des conditions si différentes, manquant de tout, désorganisés par les marches, le froid, les privations, et sous le coup, en outre, d'une attaque prochaine sur nos communications?

C'est précisément parce qu'on s'était bien battu pendant les trois premiers jours de cette campagne, à Villersexel et à Arcey d'abord, ensuite à Montbéliard, Chenebier, Étobon, Chagey, sur cette longue ligne qui avait Héricourt pour centre, qu'il était difficile et peut-être impossible de bien se battre de nouveau.

Car, il faut le dire, dans cette armée nombreuse, ce n'étaient pas 120,000 hommes qui se battaient, mais un certain nombre seulement de ces 120,000 hommes, et toujours les mêmes. Sur la colline où nous sommes restés pendant cette longue bataille, j'ai connu un officier d'artillerie qui, avec trois pièces en batterie, tirait chaque jour quatre ou cinq cents obus et employait ses nuits à s'approvisionner de munitions, tandis qu'à un kilomètre de là, en arrière, d'autres officiers n'ont pas tiré un seul coup, se contentant de vider généreusement leurs caissons au profit de leur camarade « enragé. » A l'attaque de Bethoncourt, j'ai vu des compagnies marcher au feu, commandées par des sergents, tandis que les officiers, disaient les soldats, se tenaient paisiblement en arrière dans des maisons bien chauffées.

C'était là une des conséquences de la composition de l'armée, qui ne devait surprendre que ceux qui, ne voulant pas ouvrir les yeux à l'évidence, avaient organisé cette campagne dans l'Est. Il ne fallait point des masses nombreuses pour cette expédition hardie, il fallait des hommes souples et aguerris, braves au feu, durs à la fatigue, des soldats. En réalité, nous avons été 120,000 hommes pour manger et 40,000 pour combattre. Là a été la véritable ruine de l'armée. Personne n'a mangé, et l'élite seulement, dans cette agglomération formée au hasard, a combattu. Après une lutte de trois jours, cette élite de 40,000 soldats s'est trouvée trop faible pour triompher de 60,000 Allemands retranchés dans des positions formidables, et il a fallu se retirer en protégeant ceux qui ne se battaient pas.

Naturellement ce furent ceux-là qui crièrent le plus fort quand on sut que nous revenions en arrière.

— Toujours trahis, disaient-ils ; chaque fois que nous battons les Prussiens, on ordonne la retraite ; c'est maintenant comme à Beaune-la-Rollande, les généraux ne changent pas.

En voyant que nous nous retirions, les Allemands voulurent à leur tour nous attaquer ; mais ils furent reçus de manière à leur enlever l'idée de recommencer.

Jusqu'à Besançon, la retraite se fit à peu près en ordre : nous n'avions à souffrir que du froid, de la faim et de la fatigue : l'ennemi nous laissait en repos.

Quand je parle de fatigues, il ne faut pas entendre celles de la route, car nous faisions à peine douze ou quinze kilomètres par jour, mais celles du bivouac, beaucoup plus douloureuses et dangereuses.

Comme nous étions à l'arrière-garde, nous arrivions toujours les derniers dans les villages où l'on campait ; les maisons, les granges, les écuries étaient prises par ceux qui s'y étaient établis les premiers, et il nous fallait coucher en plein air. Alors on faisait des trous circulaires dans la neige, on y allumait de grands feux avec le bois vert ou sec qu'on prenait un peu partout, au désepoir des paysans, qui criaient comme si on les écorchait, et l'on s'asseyait autour de ces foyers, qui donnaient plus de fumée que de chaleur. Ceux-là étaient les heureux qui pouvaient trouver une pierre plate pour s'asseoir dessus, au moins ils ne trempaient pas dans la neige fondue. C'était ainsi qu'on passait la nuit; on rabattait sa couverture par-dessus son képi, et l'on dormait la tête dans les mains, qui elles-mêmes s'appuyaient sur les genoux. Un faux mouvement, un balancement trop fort, et l'on tombait, en avant dans le feu, en arrière dans la neige. Ceux qui étaient sous le vent recevaient la fumée en pleine figure, ce qui les faisait tousser et les asphyxiait à moitié. Au contraire, ceux qui lui étaient opposés étaient obligés de se lever d'heure en heure pour repousser la neige que les rafales leur amoncelaient dans le dos.

Pour moi, j'ai toujours choisi cette position, préférant la fatigue à la toux. D'ailleurs, j'étais jusqu'à un certain point protégé par mon cheval : la pauvre bête aimait le feu, et pendant toute la nuit il se tenait la tête au-dessus de mon épaule, se chauffant un peu et en même temps me servant d'abri.

Le désagrément de coucher dehors par ce froid intense n'était pas le seul que nous valût le service de l'arrière-garde. Les derniers pour le logement, nous l'étions également pour les distributions de vivres. Quand nous arrivions, il ne restait jamais ni pain, ni biscuit, ni viande. Nous en étions réduits à cour'r chez les paysans, qui, le plus souvent, n'avaient rien, ou tout au moins ne voulaient rien nous donner, ce qui pour nous était la même chose. La seule ressource alors était de faire griller un morceau de viande qu'on coupait sur un des nombreux chevaux qui tombaient morts dans les fossés.

Et cependant, au milieu de cette misère, on trouvait encore moyen de rire quelquefois et de plaisanter. Un soir que nous étions campés à l'entrée de la forêt de Chailluz, ayant mal soupé d'un morceau de cheval, ne dormant pas à cause de la bise qui nous glaçait, un de nos camarades m'interpella tout à coup brusquement :

— D'Arondel, un conseil, je vous prie : vous qui êtes bon cavalier, tirez-moi d'embarras.

— Dites.

— Quand le cheval ne veut pas avancer, qu'est-ce qu'on doit faire ?

— Je le regardai interloqué.

— Voici mon cas : j'ai un morceau de cheval dans l'estomac ; il est rétif et refuse de passer ; quel conseil me donnez-vous ? si je le mouillais ?

Cela n'était guère spirituel, et cependant cela faisait rire et nous soutenait un peu. Nous avions bien assez des tristesses qui se déroulaient sous nos yeux, sans encore nous laisser aller à notre propre désespoir.

Ce fut à ce camarade que je dus de pouvoir suivre l'armée jusqu'au bout. Une neige profonde couvrait les routes, et le passage de l'artillerie et des voitures des convoyeurs avait creusé de telles ornières et de tels trous dans cette neige, qu'il était presque impossible de faire avancer nos chevaux. Nous les traînions derrière nous, et nous marchions autant que des fantassins. En arrivant à Besançon, ce camarade me déclara « qu'il voulait me payer quelque chose, » et je me laissai emmener par lui chez un épicier. Là, il demanda une livre d'huile.

— Est-ce que vous voulez m'offrir un verre d'huile, à la façon des Esquimaux? lui dis-je.

— Plus qu'un verre, une demi-livre.

Disant cela, il retroussa son pantalon et versa la moitié de l'huile dans ses bottes, puis, me passant ce qui restait :

— A votre tour, me dit-il.

Et il m'expliqua que c'était le remède le plus efficace contre le froid et la neige. Depuis quinze jours je n'avais pas retiré mes bottes : elles avaient durci. Je me laissai convaincre, malgré le dégoût, et je suis persuadé que si j'ai pu marcher pendant huit jours encore, c'est grâce à ce moyen.

On espérait qu'à Besançon on trouverait un peu de repos. Il n'en fut rien. Les Allemands contre lesquels nous avions combattu à Héricourt nous suivaient, et, d'un autre côté, des renforts leur arrivaient du côté de Dôle pour nous couper la retraite sur le sud. Nous étions menacés d'être enveloppés. Alors, pendant trois ou quatre jours, on nous fit manœuvrer aux environs de la ville, tantôt au nord, tantôt au sud, sans qu'il nous fût possible de comprendre les raisons de cette manœuvre, car une position n'était pas plus tôt occupée qu'il arrivait un ordre pour l'abandonner, puis bientôt un nouvel ordre pour la reprendre. L'armée s'épuisait chaque jour davantage dans ces marches pénibles, alors qu'elle avait tant besoin d'un jour de halte pour respirer.

Le 26 janvier, notre mouvement de retraite recommença, et l'on dit que nous nous retirions sur Bourg et Lyon par Pontarlier et les routes du Jura. Le général en chef veillait lui-même à notre défilé, et il envoyait ses officiers pour tâcher de mettre un peu d'ordre dans cette confusion d'hommes, de chevaux, de voitures, de caissons, de canons qui emplissaient la route, bord à bord. Le hasard fit que je passai près de lui, je le regardai : j'ai rarement vu physionomie plus triste, plus désolée que la sienne ; il me sembla même qu'il y avait des larmes dans ses yeux. Il donnait ses ordres avec patience et d'une voix douce.

Et de fait le spectacle était lamentable. Les régiments qui, grâce à la fermeté de leurs officiers, avaient conservé leur cohésion et leur fermeté, étaient dans un état de misère impossible à décrire : des vêtements en guenilles, des pantalons décousus jusqu'à la ceinture, des souliers déchirés, des savates, des sabots, des pantoufles, des capotes en lambeaux, ou bien des couvertures fendues pour laisser passer la tête remplaçant la capote, et sous cet attirail de la misère, des figures blêmies par les privations et le froid. On ne parlait pas dans les rangs, on défilait morne, la tête baissée, puis tout à coup éclatait comme un feu de file une toux stridente. Ce bruit de toux était horrible ; ces malheureux, exposés depuis plusieurs mois au froid rigoureux, mouillés des pieds à la tête sans jamais sécher, portant sur le dos une chemise sale de deux ou trois semaines, toussaient comme s'ils allaient cracher leurs poumons.

Ceux-là, cependant, étaient parmi les plus vaillants ; ils étaient encore des soldats et ils pouvaient se mettre en ligne devant l'ennemi. Mais ce qui était lugubre, c'était la foule des misérables qui, pour une cause ou une autre, le hasard, la fatigue ou la lâcheté, avaient perdu leurs régiments ; ils marchaient, tassés comme un troupeau, sans un chef pour les commander, zouaves, mobiles, lignards, chasseurs, turcos. Et si un officier les arrêtait, ils répondaient à ses reproches par une demande narquoise :

— Pourriez pas me dire où est mon corps, s'il vous plaît?

Sur leur sac ils portaient des lapins, des poulets, des morceaux de pain qu'ils avaient pris çà et là, car n'ayant plus part aux distributions, ils veillaient eux-mêmes à leur alimentation, et par leurs voleries ils ameutaient les paysans contre l'armée.

Sur la route, à chaque pas, on trouvait des traces de désastre : c'étaient des caissons, des voitures abandonnés dans le fossé, des chevaux morts qui se dressaient les quatre jambes en l'air.

Comme nous cheminions lentement, il se fit un grand bruit derrière nous : c'était un général qui arrivait au grand trot de deux chevaux superbes qui enlevaient rapidement son traîneau. Enveloppé dans des couvertures, il criait d'une voix tonnante :

— Les convoyeurs à droite !

Et quand ceux-ci ne lui faisaient pas place assez vite, il leur allongeait en passant un vigoureux coup de canne.

On arriva à Ornans avant la nuit, et je fus assez heureux pour trouver place dans une maison. Quand j'allais me mettre à table pour souper, Homicourt m'envoya chercher en me faisant dire de prendre mon cheval. Je me rendis aussitôt près de lui.

— Va trouver le général Cordebugle, me dit-il, il m'a demandé un homme de confiance pour aller à Besançon, et j'ai pensé à toi.

Je le remerciai vivement; j'étais exaspéré de n'avoir rien fait dans cette campagne, et impatient de rattraper le temps perdu : je crus tenir enfin l'occasion.

Je me fis indiquer le logement du général. En arrivant devant sa porte, je trouvai un fourgon qu'on était en train de décharger : on en sortait des boîtes de conserves de viande et de légumes. Le général n'était point rentré, je donnai mon cheval à garder au planton et j'entrai sous la grande porte. La maison était sens dessus dessous; on préparait le dîner du général et c'était une grande affaire.

Enfin le général arriva avec son aide de camp.

— Je ne vous comprends pas, disait-il à celui-ci : je vous ai recommandé de me choisir une maison convenable, et il paraît que dans la cuisine de celle-ci il n'y a pas de casserolle de cuivre.

— Mais, général...

— Enfin, monsieur, on ne peut pas faire un roux, voilà le certain.

Je m'approchai et dis que je venais de la part du commandant Homicourt.

— Ah ! c'est vous qui pouvez aller à Besançon ; mais n'allez-vous pas être retardé par cette cohue qui encombre la route ?

— S'il y avait un chemin de traverse, cela vaudrait mieux, mais je n'ai pas de carte pour me guider.

Il appela son aide de camp, qui lui remit une carte.

Le général l'étendit sur une table et se mit à l'étudier ; mais sans doute il ne trouva pas ce qu'il cherchait, car se tournant vers son aide de camp :

— Vous n'en avez pas une plus grande ?

Celui-ci lui déplia une grande carte ; mais elle n'était pas plus claire que la petite.

— Ce n'est pas tout ça, dit le général en relevant la tête, par où faut-il passer? Indiquez la route à ce garçon. Voyons, mon garçon, écoutez bien, c'est très-important; il s'agit d'être adroit et actif. Êtes-vous adroit?

— Mon général, je ferai ce que je pourrai.

— Il faut pouvoir. Ecoutez. Il paraît que dans la précipitation du départ de Besançon, on a oublié de me prendre des boîtes de foie gras; vous allez aller chez Klein; vous entendez bien? Klein, n'oubliez pas; écrivez le nom si vous savez écrire, et vous me prendrez quatre boîtes de foie gras. Voilà quatre louis, ne les perdez pas.

J'avais une mine tellement ahurie que le général s'arrêta dans ses explications.

— Vous ne comprenez pas?

— Oui, monsieur, mais je suis soldat, je ne suis pas cuisinier.

Et, sans en écouter davantage, je sortis pendant que le général stupéfait jurait comme un possédé.

Le lendemain matin, les hasards de la route nous firent rencontrer un autre général qui ressemblait peu au général Cordebugle. Nous étions arrêtés dans un village où une auberge avait bien voulu nous recevoir : tout à coup il se fit un grand tapage dans la cour et nous sortîmes.

Un général était entouré de soldats, et il gesticulait au milieu d'eux en vociférant :

— Du pain ! du pain ! j'ai toujours faim !

Puis, s'arrêtant, il prenait une voix dolente et se plaignait qu'on lui eût fait un passe-droit.

— Je demande à être caporal, disait-il, je l'ai bien gagné.

On me raconta que ce général avait commandé au mois de novembre dans l'armée de la Loire, et, qu'ayant été révoqué, sa raison avait été ébranlée ; pendant cette retraite, il était devenu fou. Cette folie, rapprochée du suicide de Bourbaki, que nous venions d'apprendre, me fit faire de tristes réflexions.

A Pontarlier, la nouvelle courut qu'un armistice était signé, et, il faut le dire, ce fut avec un grand soulagement qu'on l'accueillit. Mais cette nouvelle fut bientôt démentie, ou tout au moins rectifiée : l'armistice était vrai, mais par un inconcevable oubli de ceux qui l'avaient signé, il ne s'appliquait pas à l'armée de l'Est ; nous devions périr : 100,000 hommes avaient été sacrifiés.

Les Prussiens nous entouraient : un soir, le clairon sonna, la générale battit ; nous allions être attaqués. A ce moment même, j'étais en face d'un grand café ; quelques officiers vinrent sur la porte, mais personne ne sortit. Cependant quelques régiments se reformèrent en bon ordre et se dirigèrent vers Houtaud, où, disait-on, se montrait l'ennemi. Instinctivement, j'allai prendre mon cheval et les suivis. La nuit était splendide ; nous n'eûmes pas d'engagement.

Quand nous entrâmes en ville, une proclamation du général Clinchant annonçait que nous n'avions plus d'autre ressource que d'aller demander à la neutralité suisse l'abri de son pavillon.

C'était donc fini.

Je me mis à la recherche de mes camarades, mais dans la confusion folle où se trouvait l'armée, je ne pus les retrouver. Je es attendis pendant toute la journée du 1ᵉʳ février, assistant désolé au défilé de nos débris. Puis, le lendemain, je pris la route du fort de Joux. J'étais un de ces malheureux que quelques jours auparavant je blâmais : j'étais seul au milieu d'une cohue de soldats, de chevaux, de voitures. Devant moi marchait une mauvaise guimbarde sur la portière de laquelle on lisait : « Aigurande ; » comment du fond de l'Indre cette pauvre diligence était-elle venue échouer en Suisse ? L chevaux se suivaient sans interruption, et, tout en marchant, ils se dévoraient mutuellement les crins de la queue, ou bien ils rongeaient les bois des

voitures. Je fus rejoins par un colonel qui, tout en cheminant, murmurait des paroles sans suite :
« Quel cataclysme ! c'est à devenir fou ! »

La vue des forts de Joux me fit du bien : les artilleurs veillaient près de leurs pièces ; là au moins, il y aurait résistance.

Au delà des forts, mon cheval, que je traînais par la bride, s'abattit : je voulus le relever ; il ne put pas se remettre sur ses jambes ; il me fallut l'aide de deux soldats qui voulurent bien se laisser toucher par mes prières pour le traîner dans le fossé. Je restai auprès de lui ; je le flattai ; je lui parlai doucement, mais la pauvre bête était épuisée ; il me regardait de son grand œil intelligent et triste, mais il ne bougeait pas. Je l'achevai de deux balles dans le cœur. Puis je continuai ma route.

Bientôt j'arrivai à la frontière. Il n'y avait pas besoin de poteau pour en indiquer la limite : à droite et à gauche, sur la route, au milieu de la neige, on voyait des amas de sabres, des gibernes, des cuirasses, des casques, des cartouches ; les paquets de cartouches enveloppés de papier blanc étaient si nombreux que, de loin, on les prenait pour des tas de neige.

Du côté suisse, des soldats de la Confédération étaient alignés ; de notre côté, des gendarmes se tenaient sur les accotements de la route, et avertissaient les soldats d'avoir à préparer leurs armes pour les déposer.

Arrivé là, je m'arrêtai, n'osant point faire le dernier pas et quitter la France. Je m'assis sur une pierre et tristement je regardai les troupes passer devant mes yeux obscurcis par les larmes.

La scène était lugubre dans cette étroite vallée blanche de neige, et bordée sur les hauteurs par de grands sapins noirs qui étaient là comme des arbres de deuil.

Des armes qu'on jetait de chaque côté de la route avaient formé un entassement énorme qui faisait comme une espèce de chemin creux au milieu duquel il fallait passer : plus de 40,000 fusils étaient là amoncelés.

Les hommes les déposaient avec désespoir, les larmes aux yeux. D'autres, au contraire, les jetaient comme s'ils étaient soulagés d'en être débarrassés. Il y en avait même qui disaient :

— Enfin ! ce n'est pas trop tôt.

Peu à peu, les troupes devinrent moins nombreuses, et les groupes arrivèrent isolés. Cependant la lutte n'était point encore entièrement finie : les échos de la montagne répétaient sourdement les détonations des grosses pièces du fort de Joux.

Fallait-il entrer en Suisse? J'hésitais toujours et j'attendais. Quoi? qui? Je n'en savais rien.

Je vis paraître un franc-tireur : il marchait lourdement, en homme fatigué. Cependant il avait encore l'aspect solide et résolu.

Arrivé devant l'amas d'armes, il s'arrêta ; puis l'ayant regardé durant quelques secondes en tenant son fusil à la main :

— Ah ! non, dit-il, tant pis ; j'y retourne.

Ce mot coupa court à mes hésitations.

— Si vous voulez, lui dis-je, je vais avec vous.

Et ramassant un chassepot avec quelques paquets de cartouches, je le suivis.

XIX

—Les forts se défendent bien, me dit mon franc-tireur, il n'y a rien à faire par là ; si vous voulez, nous allons prendre par la montagne : j'ai dans l'idée que les Prussiens vont tâter le terrain de ce côté, pour voir s'ils ne pourraient pas nous couper la retraite.

— Est-ce que toutes les troupes n'ont point passé ?

— Il y a encore, dit-on, des troupes du 18ᵉ corps : on se bat dans ce corps-là et on ne dort pas.

La route qui va de France en Suisse se dirige vers le sud en sortant de Pontarlier, puis, arrivée à

Cluse, elle remonte vers le nord : par ces détours elle évite les pentes trop rapides des montagnes du Larmont.

Il était difficile de marcher dans la montagne, car la neige avait une épaisseur de deux à trois pieds, et le sentier que nous suivions était à peine frayé. Il me semblait peu probable que nos ennemis se fussent aventurés dans un pareil chemin qui ne devait conduire nulle part, quand tout à coup, à une assez grande distance, dans un terrain découvert, nous aperçûmes des corps mouvants se profiler en noir sur la neige. Il n'y avait pas à s'y tromper, c'étaient les Prussiens ; depuis douze jours nous les avions assez souvent vus rôder autour de nous comme des corbeaux pour les reconnaître au premier coup d'œil.

— Si votre cœur y va, me dit le franc-tireur, mon avis serait de nous placer derrière ces sapins, vous à droite, moi à gauche, et de les attendre là. A 500 mètres, je suis sûr de mon coup ; mais si vous ne l'êtes pas du vôtre, il vaut mieux les laisser approcher ; je tirerai après vous. J'estime que ce buisson là-bas est à 400 mètres.

Ils s'avançaient à la file, afin de profiter du passage que celui qui tenait la tête traçait dans la neige. De temps en temps ils s'arrêtaient pour écouter, puis ils reprenaient leur marche, tenant leur fusil des deux mains, prêts à épauler.

J'avais appuyé le canon de mon chassepot contre le tronc d'un sapin ; lorsqu'ils arrivèrent au buisson, je tirai : une seconde détonation retentit presque en même temps que la mienne : deux Prussiens levèrent les bras en l'air et tombèrent la tête en avant dans la neige.

Il y eut parmi eux un mouvement d'hésitation, mais bravement ils se mirent en ligne dans la neige, et commencèrent à tirailler contre nous. Ils étaient nombreux, nous étions abrités, les chances étaient à peu près égales. Bientôt elles diminuèrent pour nous, car ils avancèrent rapidement de manière à entrer sous bois, et bien que nous en eussions déjà mis cinq hors de combat, ils étaient encore en force pour nous faire un mauvais parti.

Il fallut reculer, ce que nous fîmes en tirant toujours. Mais subitement je ressentis une vive douleur dans le bras gauche et je lâchai mon fusil : je voulus le reprendre, mais mon bras n'obéit point à ma volonté, il resta inerte sans qu'il me fût possible de le remuer.

— Vous ne tirez plus ? me demanda mon compagnon.

— Je crois que j'ai une balle dans le bras.

Le sang coulait dans ma manche et dégouttait au bout de mes doigts. Je pris mon revolver de la main droite. Heureusement les ennemis, craignant une embuscade, s'étaient arrêtés à l'entrée du bois ; nous pûmes filer entre les sapins.

— Pouvez-vous marcher? me dit le franc-tireur.
— Oui.
— Alors, il faut descendre à travers bois sur la route.

Il passa le premier et je le suivis. Mon bras était lourd à porter, et j'éprouvais une vive douleur dans l'épaule quand je faisais un faux pas, et cela arrivait souvent.

En moins d'une heure nous descendîmes sur la route, en arrière des forts de Joux; là, nous étions en sûreté. Quelques groupes de traînards se dirigeaient encore du côté de la frontière, et au milieu d'eux, çà et là des voitures isolées, car il y avait tant de voitures à la suite de cette armée, que c'était à croire que leur défilé ne finirait jamais.

J'avais hâte de gagner Verrières, car mon bras me devenait de plus en plus lourd à porter, et le sang que je perdais commençait à m'affaiblir; cependant, nous n'avancions que lentement, la route étant glissante et raboteuse. Pour éviter les ornières creusées dans la neige noircie, et aussi pour ne pas nous déranger quand nous étions dépassés par des voitures, nous marchions sur l'accotement.

Tout à coup d'une de ces voitures partit une voix qui prononçait mon nom ; je levai la tête, c'était la voix, c'était la voiture de miss Clifton.

— Blessé ?

— Je crois que la dernière balle des Prussiens a été pour moi.

Sur un signe qu'elle fit, son domestique me prit doucement à bras le corps et me mit dans la voiture. En moins d'une minute, la manche de ma veste fut ouverte avec des ciseaux. C'était au-dessus du coude que la balle avait pénétré : j'avais le bras cassé.

C'était une habile infirmière que miss Clifton, il ne lui fallut pas longtemps pour me faire un premier pansement qui, en arrêtant le sang et en soutenant mon bras, me procura un grand soulagement.

— Puisque vous avez trouvé des amis, me dit mon compagnon, vous n'avez plus besoin de moi. Adieu.

— Où allez-vous ?

— Il y en a encore à démolir.

Il allait s'éloigner, il s'arrêta :

— Si vous vouliez me donner vos cartouches,

dit-il, ça m'obligerait ; elles ne seront pas perdues : je les tirerai pour vous.

Il remonta la montagne, d'où nous étions descendus.

Nous arivâmes bientôt aux maisons de Verrières, et nous passâmes en voiture entre l'amas d'armes que je n'avais pas osé franchir quelques heures auparavant.

Miss Clifton, en défilant dans ce chemin creux, eut un mouvement qui me toucha au cœur : sans rien dire, elle se cacha les yeux dans sa main.

Le village suisse était encombré de soldats, de canons et de voitures ; c'était à peine si nous pouvions avancer ; certains de n'être pas poursuivis, les malheureux, qui ne pouvaient plus marcher, s'étaient arrêtés et ils campaient là pêle-mêle.

On nous indiqua une ambulance et miss Clifton voulut m'y conduire elle-même. Le brassard à croix rouge lui fit ouvrir les portes.

Je retrouvai là l'odeur nauséabonde de l'hôpital de Pont-à-Mousson, mais cette fois ce n'était plus d'une blessure légère que j'avais à guérir. A peine le chirurgien eut-il examiné ma plaie qu'il déclara que c'était un bras à couper.

J'avoue qu'à ce mot j'éprouvai une émotion poignante : tout d'abord j'avais cru que j'avais une ballo dans les chairs, puis ensuite que j'avais l'os cassé ; mais je n'étais nullement préparé à l'idée de me faire couper le bras.

— Ne peut-on pas éviter l'amputation ? demanda miss Clifton.

— Non, madame.

— Ne peut-on pas au moins la différer ?

— Mieux vaut la faire immédiatement, cependant on peut la retarder, et si vous pouvez trouver une autre installation que celle-ci, prenez-la ; il sera encore temps.

— Voulez-vous attendre ici un instant ? me dit miss Clifton.

J'allai m'asseoir dans une petite pièce qui précédait la grande salle où les blessés étaient couchés sur la paille. Plusieurs médecins s'y trouvaient réunis.

—Tandis que les amputations sur les Prussiens suivent la marche ordinaire, disait l'un des chirurgiens, celles sur nos soldats manquent toutes ; les pauvres diables sont tellement épuisés qu'ils n'ont plus la force de les supporter.

Cela n'était guère rassurant, et je trouvai « l'instant » de miss Clifton un peu long. J'en profitai pour interroger quelques soldats, et j'appris que mes camarades étaient entrés en Suisse pendant la la nuit. Enfin miss Clifton revint.

— J'ai été bien longtemps, me dit-elle, mais je crois que vous ne regretterez pas cette longue attente. Je vous emmène à Genève ; les chirurgiens et les jardiniers français aiment trop à tailler; il faut tâcher de sauver votre bras. J'ai un traîneau qui, par Sainte-Croix, va vous conduire à Yverdon; là, nous prendrons le chemin de fer et, par Lausanne, nous arriverons rapidement à Genève, où j'ai envoyé une dépêche; à notre arrivée, nous trouverons un appartement pour vous recevoir et un médecin que je connais.

Le traîneau était à la porte ; c'était plutôt une *schlitte* de paysan qu'un traîneau, mais on y avait adapté des bancs, et, garnie de paille, de coussins, de couvertures, elle était une voiture des plus confortables pour un homme qui, depuis longtemps, avait perdu l'habitude du bien-être.

La route qui conduit à Neufchâtel par Fleurier était encombrée de troupes et de voitures, nous prîmes à travers la montagne un chemin à peine tracé : çà et là des perches plantées dans la neige nous guidaient; nos chevaux vigoureux nous enlevaient rapidement, et la neige, rejetée par la *schlitte*, se soulevait en tourbillons derrière nous.

A Sainte-Croix, nous retrouvâmes le triste flot de la déroute; les soldats avaient envahi les maisons, et à ceux qui n'avaient pas pu trouver de place, on apportait des vivres et des provisions : chacun accourait, s'empressait ; en France, nous n'avions jamais reçu pareil accueil.

Notre conducteur arrêta un moment ses chevaux, et le bruit s'étant répandu que j'étais blessé, on entoura notre traîneau : il y avait de la curiosité dans cet empressement, mais aussi combien de sympathie ! Une jeune femme sortit de sa maison et vint m'offrir une tasse de bouillon fumant ; une autre me présenta un verre de vin. Dans tous les yeux il y avait une généreuse pitié qui réchauffait le cœur et faisait oublier le triste spectacle qui nous poursuivait : car partout sur la route on retrouvait les chevaux morts tombés, dans le fossé les caissons abandonnés, les voitures brisées, témoins lugubres de notre passage.

En arrivant à Genève, nous trouvâmes à la gare le banquier de miss Clifton qui l'attendait.

— Je vous donne ma maison des Eaux-Vives, lui dit-il ; et, selon vos instructions, les médecins vous y attendent.

Je ne savais comment remercier miss Clifton, qui d'ailleurs ne me laissait pas me perdre dans des compliments de gratitude.

— Si je parviens à vous conserver votre bras, me

disait-elle, cela vaudra la peine de me remercier. Attendons.

Mais cette espérance ne se réalisa pas : les médecins qui nous attendaient déclarèrent que l'amputation était indispensable, et qu'elle avait déjà été trop longtemps différée.

— Avec des soins, avec du temps, ne peut-il guérir? dit mis Clifton en insistant, songez, messieurs que M. d'Arondel est jeune et que c'est une chose terrible à son âge d'être privé d'un bras.

— C'est impossible ; la balle en rencontrant l'os s'est divisée en plusieurs fragments qui ont causé de graves désordres dans les tissus. C'est là un cas très-curieux qui pourrait faire croire que la blessure a été causée par une balle explosible, mais selon moi il n'en est rien. Le fait s'explique par les effets du choc : le projectile, brusquement arrêté, a subi la chaleur intense qui résulte du mouvement supprimé.

Dès là que mon cas était curieux, je n'avais rien à dire. Je me préparai à l'opération.

— Voulez-vous être endormi? me demanda le chirurgien.

— J'aimerais mieux voir, si vous le permettez.

Les chirurgiens sortirent ; miss Clifton me tendit la main.

— J'aurais voulu vous éviter cette mutilation, dit-elle d'une voix émue ; ayez confiance, ces messieurs sont très-habiles.

Ils rentrèrent : un domestique derrière eux portait un plateau recouvert d'une serviette.

— Voulez-vous que je reste près de vous ? me demanda mis Clifton.

— Si cela ne vous fait pas horreur, j'en serais heureux.

L'opération commença. J'avoue qu'elle me parut terriblement longue. Mais bientôt une idée baroque traversa mon esprit et l'occupa. L'amputation terminée, on me coucherait sans doute : miss Clifton resterait-elle jusque-là ? et à la pensée qu'elle serait témoin de ma misère, et qu'elle verrait tirer mes bottes, ces fameuses bottes arrosées d'huile à Besançon, j'étais épouvanté.

Enfin on scia l'os, on lia les artères, on posa le bandage, et je vis emporter mon pauvre bras, qui avait l'avantage, pour mes chirurgiens, de renfermer une balle fondue. Ils le regardaient avec intérêt ; pour moi je regardais mes bottes.

L'instant critique était arrivé : miss Clifton sortit. Je respirai. Mes chirurgiens me déshabillèrent et m'installèrent dans le lit.

Je n'étais pas sans doute dans l'état d'épuisement

des malheureux dont les chirurgiens parlaient aux Verrières, car l'amputation de mon bras réussit pleinement. Il faut dire aussi que jamais blessé ne fut entouré de soins plus intelligents et plus dévoués.

Miss Clifton s'était installée aux Eaux-Vives, et elle passait presque tout son temps près de moi. Je n'eus pas une heure d'abandon, de désespérance. Après tant de souffrances et de déceptions, alors que je m'attendais à trouver la vie dure pour moi et cruelle, je la trouvais au contraire douce et encourageante.

Je n'avais vu jusque-là dans miss Clifton que ce qui frappait tout le monde, sa beauté originale et son esprit résolu ; mais, dans l'intimité de chaque jour, j'appris à apprécier les sérieuses qualités de la femme, son dévouement, sa douceur, sa générosité, sa loyauté et sa franchise.

Six semaines s'écoulèrent rapides et remplies : le passé me semblait un mauvais rêve, et je m'éveillais dans une belle et chaude matinée du printemps.

Cependant telle est la faiblesse du cœur, que j'eus la tentation de revenir, pour une minute, dans ce passé. Que faisait Suzanne ? J'écrivis à mon ancien rival, le notaire ; la réponse ne se fit point attendre : Suzanne était mariée, elle en était venue à ses fins, elle avait conquis et épousé le comte d'Ayguelongue, qui venait de se faire nommer député : « la belle Suzanne, ajoutait le notaire, est maintenant la plus aimable des femmes ; sa maison est pleine d'amis jeunes et vieux, pères et fils, qu'elle traite tous également bien ; naturellement, je suis du nombre. » Je n'aimais plus Suzanne, mais je l'avais trop aimée pour qu'il me fût possible de penser à elle avec indifférence ; ce fut ma vengeance de pouvoir la mépriser.

Ces beaux jours, qui s'enchaînaient uniformément heureux pour moi, prirent fin brusquement. Un matin, miss Clifton m'annonça qu'elle était obligée de partir pour Londres.

— Demain ! lui dis-je.

— Pourquoi demain ?

— Donnez-moi jusqu'à demain.

Elle me regarda longuement : des pensées tumultueuses, dont je n'avais pas conscience, se pressaient dans ma tête. Cependant, je passai cette dernière journée près d'elle, comme nous avions passé les précédentes. Nous nous promîmes de nous écrire, de nous revoir bientôt, à Londres, à Paris.

Et ce fut seulement quand elle fut partie que je

m'avouai ce que j'avais toujours voulu me cacher : je l'aimais. Mais un homme qui n'a qu'un bras peut-il être aimé ? J'avais été sage de me taire.

Il fallait tuer le temps, naguère si court, maintenant si long.

Je me mis à lire ce qui avait été publié sur la guerre, surtout la *Bibliothèque universelle*, de Lausanne, dans laquelle je trouvai un récit, écrit mois par mois avec une grande fidélité et une sûreté de vue, une indépendance d'appréciation qui me permirent de comprendre cette terrible lutte à laquelle j'avais été mêlé, mais que je ne connaissais pas : je vis comment elle avait été faite par deux légendes, — la légende impériale et la légende révolutionnaire, — l'une et l'autre désastreuses.

Mais la lecture n'était point suffisante pour user mon irritation nerveuse, mon impatience contre les choses, mon mécontentement contre moi-même ; je commençai à faire des courses au milieu de cette campagne pittoresque qui environne Genève, allant chaque jour un peu plus loin. Le hasard de mes promenades me conduisit à Chênebourg, qui est près des Eaux-Vives, et me fit visiter une école établie d'après le système de Pestalozzi et de Frœbel, — un jardin d'enfants. Je fus frappé de cet enseignement qui fait agir l'enfant et développe son intelligence et son sentiment avant sa mémoire. Je demandai la permission de revenir le lendemain pour assister aux exercices des enfants. Pendant plusieurs jours je voulus suivre ces exercices ; puis j'allai à Genève visiter l'école de la rue Chantepoulet ; et m'étant procuré des livres où cette méthode était exposée, je l'étudiai sérieusement. Combien elle serait utile appliquée à nos enfants français, qu'on étiole sur les bancs dans un travail automatique ! Alors je formai le projet de retourner à Courtigis, de relever le petit châlet de ma mère brûlé par les Prussiens, et là, vivant modestement du revenu qui me restait, de fonder dans mon village natal un de ces « jardins d'enfants. » Ma vie était brisée, ne serait-ce pas la bien finir que d'employer ce que j'avais encore de force et de fortune à porter chez nous un système d'éducation qui pouvait nous tirer de la routine ? N'était-ce pas surtout d'éducation que nous avions besoin pour nous relever de nos désastres? A quoi pouvais-je être bon, si ce n'est à être utile aux autres ? C'était la loi de miss Clifton ; un jour je pourrais lui dire : « J'ai suivi votre exemple. »

Pendant ce temps s'accomplissaient à Paris les terribles événements de la Commune. Je ne quittai Genève qu'à la fin de mai. Je trouvai l'appartement de M. de Saint-Nérée intact, et je pus m'acquitter de la mission dont j'étais investi par son testament. Mais je trouvai ma maison de la rue Rivoli brûlée. J'étais ruiné. Il ne s'agissait plus de fonder une école avec le superflu de mes revenus, mais de gagner le pain quotidien. A quoi et comment ?

Je pensai alors à fonder moi-même et à diriger cette école. Au premier abord cette idée me parut étrange ; mais je m'y habituai. Pourquoi pas, au surplus ? Je n'étais plus l'homme d'autrefois : j'avais passé à travers le feu, qui m'avait bronzé.

Un de mes amis habitait le Havre, où il occupait une haute position, qu'il devait plus à son esprit libéral et à ses idées progressives qu'à sa grande fortune. J'allai au Havre pour le consulter, et en même temps voir si, avec son appui, je ne pourrais pas m'établir dans cette ville.

En écoutant l'exposé de mon plan, il commença par rire ; puis il finit par le mot que j'avais dit moi-même : « Pourquoi pas, au surplus ? »

— Reste ici, me dit-il, nous verrons, je t'aiderai de toutes mes forces ; je vais organiser pour ce soir une réunion de personnes intelligentes ; va te promener jusqu'à ce moment.

Mes pas me portèrent machinalement vers la jetée : elle était couverte de monde ; c'était l'heure de la pleine mer. Je suivis la foule. Depuis longtemps je n'avais pas vu la mer ; je respirai sa fortifiante salure avec bonheur ; le soleil s'abaissait à l'horizon, et la vague brisait doucement sur les galets.

Tout à coup il se fit un mouvement dans la foule, et un grand vapeur sortant du port se présenta dans le chenal. Sur son pont se tenaient groupés trois ou quatre cents émigrants ; les femmes portant leurs enfants dans leurs bras avaient des coiffures noires en ailes de papillon.

Le vapeur avançait rapidement, glissant avec majesté sur la mer unie. Arrivé au milieu du chenal, il tira deux coups de canon, et le drapeau du sémaphore s'abaissa pour répondre à son salut.

Alors un chant immense s'éleva du pont du navire :

> Amour sacré de la patrie,
> Conduis, soutiens nos bras vengeurs.
> Liberté, liberté chérie !...

— Qu'est-ce donc ? demandai-je à mon voisin.
— Les Alsaciens et les Lorrains qui n'ont plus de patrie.

— Vive la France ! cria la foule dans un élan unanime.

Le vapeur tourna le cap vers la pleine mer et je restai à le regarder disparaître dans la profondeur de l'horizon voûté ; bientôt il ne fut plus qu'un point noir qui se détachait sur le couchant enflammé.

J'étais si bien absorbé dans mon émotion, que je ne vis pas une jeune femme qui, comme moi, était accoudée sur le parapet. Ce fut seulement quand je me relevai que nos yeux se rencontrèrent.

Miss Clifton !

Elle était au Havre pour surveiller des caisses qui lui arrivaient de Southampton : elle allait partir pour la Perse, où sévissait une terrible famine, afin de porter secours aux habitants.

— En Perse ?

— Je prends ce soir le train de Paris, mais heureusement nous avons le temps de dîner ensemble.

Le dîner fut triste. En Perse ! Mon esprit ne pouvait se détacher de cette pensée. Je ne l'avais donc revue que pour la perdre. Ah ! si j'osais parler ! m'était-il permis de parler sans être ridicule ?

Enfin le moment de la séparation arriva ; j'eus un accès de courage.

— Ne partez pas, j'ai à vous parler !

Mes vaisseaux brûlés, j'allai jusqu'au bout.

— Et qui donc vous a dit que je vous trouvais ridicule ? fit-elle en mettant sa main dans la mienne ; si je tenais tant à conserver votre bras, c'est que je le voulais pour m'appuyer dessus.

A cette histoire, il y a un épilogue intime qui s'est passé il y a quelques jours, aux dernières courses d'automne. Un oncle de ma femme, qui était venu nous voir, voulut assister aux courses ; nous l'accompagnâmes, Harriett et moi.

Entre deux courses, je quittai ma place pour serrer la main à quelques amis. En passant devant les tribunes, j'aperçus sur une chaise la comtesse d'Ayguelongue, la belle Suzanne, celle qui avait été ma belle Suzanne. Nos yeux se croisèrent. Elle me fit signe d'approcher.

— Ah ! cher ami, je suis heureuse de vous voir ; si j'avais su où vous trouver, je vous aurais fait part de mon mariage avec le comte d'Ayguelongue.

— Je croyais que vous vouliez n'épouser qu'un militaire ? dis-je sans me laisser démonter.

— Les militaires sont finis ; ils se sont suicidés ;

ils ne peuvent plus qu'être utiles. L'avenir est aux hommes politiques.

— Et le comte est un de ces hommes ?

— Assurément; et de plus il est riche de quatre millions, ce qui ne gâte rien. Venez nous voir; vous serez de nos amis; je vous présenterai au comte; il aura beaucoup d'amitié pour vous.

— Si j'avais su où vous écrire, dis-je, je vous aurais fait part de mon mariage avec une Anglaise.

— Riche ?

— Elle a quelques millions, mais je ne les ai pas comptés.

A ce moment, Harriett et son oncle passèrent devant nous.

— Précisément, la voici.

Suzanne prit son lorgnon pour la regarder.

— Mes compliments, dit-elle : je crois qu'elle vous donnera beaucoup d'enfants.

— Dont je serai le père..., — ce qui est quelque chose.

Ce mot, d'un goût douteux, m'était arraché par la raillerie de Suzanne, car je ne pouvais pas parler sérieusement et dignement de ma femme à ce joli produit de l'éducation impériale.

Je ne sais si les enfants promis nous seront donnés; mais ce que je sais, ce dont je suis certain, c'est que si un jour la France est exposée à de nouveaux dangers, nous serons deux pour en porter notre part, — nous aimant, nous estimant, unis dans la mauvaise comme dans la bonne fortune.

FIN

SUR MISS CLIFTON

Le flot montant des publications sur la dernière guerre s'arrête, et l'heure vient où la critique peut chercher si quelque perle n'a pas été roulée dans tout ce sable et tous ces cailloux. Je ne parle pas des ouvrages spéciaux, mais seulement des œuvres littéraires, des récits plus ou moins enjolivés de l'invasion, des nouvelles et des romans mis dans le cadre historique de nos désastres.

Je me défie particulièrement des écrivains qui battent monnaie avec l'actualité et qui font du livre une queue du journal. Il y a là une spéculation des curiosités de la foule qui trahit, chez un auteur, le besoin d'un succès immédiat, acheté au prix de la stricte vérité et de la perspective exacte nécessaire à toute œuvre. Il faut un certain recul pour voir nettement les événements, et il faut aussi qu'un apaisement se fasse dans l'intelligence. Ce n'est pas au sortir d'une crise affreuse qu'on peut la juger et en mettre toutes les phases en leur place.

Je ne tolère guère, en cette matière, que les récits personnels. Ils gardent toute la fièvre de la lutte, s'ils sont écrits au lendemain même des faits. Faux souvent, ayant mal vu et racontant mal, tirant des conséquences qui ne se vérifient point, ils ont le grand mérite de vivre ce qu'ils racontent et de rester comme des documents pour les historiens qui viendront. Ce sont des journaux racontant la vie au jour le jour, bons à consulter dans quelques années, quand un romancier de talent sera désireux de noter avec justesse, dans une œuvre d'imagination, le cri d'agonie de la France.

J'ai lu déjà un grand nombre de volumes sur la guerre, et n'y ai trouvé que la matière peu digérée de tous les faits qu'on trouve dans les journaux du moment. C'est un fouillis d'épisodes, un bavardage sans fin sur les cancans qui ont couru, des vanteries et des mensonges intéressés, le solde de Rocambole vendu pour le compte de M. de Bismarck. Tout cela sera bon à être trié dans dix ans.

Et c'est pourquoi j'ai eu la curiosité de lire les deux volumes que M. Hector Malot vient de publier sous le titre général de : *Souvenirs d'un blessé*. M. Malot est un romancier d'un grand talent. Il y a du Stendhal et du Balzac dans son cas. Peu bruyant, amoureux du vrai, esprit net et alerte, il a débuté par de chaudes études de la passion et de la misère humaines.

Un tel esprit égaré dans cette galère de l'invasion allemande m'intéressait. J'étais certain que celui-là n'avait pas battu la grosse caisse sur notre chauvinisme meurtri. C'est un artiste incapable d'obéir à toute autre poussée que son caprice d'artiste, son émotion littéraire, son besoin de vie moderne. Il n'avait certainement vu dans la guerre qu'une étude de réalité poignante à tenter. Tout écrivain a la curiosité des batailles ; il sent que les récits officiels, classiques, sont faux ; il veut dire comment meurent les hommes. M. Malot a cédé à l'envie de renouveler la tentative de Stendhal, dans le récit de la bataille de Waterloo, et il y a cédé un peu tôt peut-être.

J'ai donc lu les deux épisodes : *Suzanne* et *Miss Clifton*. C'est certainement la seule œuvre d'imagination de quelque valeur qu'on ait écrite jusqu'à présent sur la campagne de France. L'auteur a imaginé une fable des plus simples. Son héros, un vaincu de la haute vie parisienne, Louis d'Arondel, s'engage volontairement, pour plaire à mademoiselle Suzanne Bordenave une fille pourrie de l'Empire, qui n'entend se vendre qu'à un garçon en passe de devenir maréchal, ministre, empereur même. Louis d'Arondel ne devient pas même caporal ; il essuye les coups de feu allemands, souffre atrocement dans la débâcle de Sedan, réussit à s'échapper d'un train de prisonniers ; et après avoir assisté à notre agonie sur les bords de la Loire, autour de Paris, en Normandie, dans l'Est, il reçoit une balle dans le bras, qu'on lui coupe, et il épouse une Anglaise fort riche, miss Clifton, qu'il a rencontrée sur tous les champs de bataille soignant les blessés.

J'avoue être peu sensible au côté sournoisement philosophique de ce long récit. Il y sans doute, au fond de l'affabulation, un sens allégorique que je passerais volontiers sous silence. Ce jeune « crevé » qu'une demoiselle Benoîton envoie se battre, dont la souffrance fait un homme, qui perd un bras, et qui épouse, au dénouement, une femme pratique et bonne, ne serait-ce pas un symbole de la France bête jusqu'à se battre pour l'Empire, perdue par lui, mûrie par les désastres, amputée de deux provinces, et épousant au dénouement M. Thiers, un mariage de raison qui devient un mariage d'amour ? Sûrement, M. Malot est coupable de cette belle imagination. Mais heureusement qu'il n'a pas trop appuyé et qu'on peut ne voir que les qualités de son esprit d'analyse.

Ce qui m'a ravi, dans les *Souvenirs d'un blessé*, c'est la méthode littéraire. L'auteur s'était imposé un cadre immense. Il entendait promener son héros sur tous les points de la France pillée et brûlée, afin de donner un tableau complet de l'invasion. L'itinéraire de Louis d'Arondel n'est point trop invraisemblable, quoi qu'il fasse beaucoup de choses et qu'il s'échappe des mains des Prussiens un peu trop souvent et un peu trop aisément. La difficulté était de condenser les faits, de rendre les moindres épisodes typiques, de peindre d'un mot une situation, un homme, un combat. Louis d'Arondel ne peut raconter les batailles ; à peine les traverse-t-il. Il ne peut venir à Paris ; à peine l'aperçoit-il, noir à l'horizon, par une nuit de décembre. Il ne peut suivre chaque général dans sa tactique ; à peine, de loin en loin, rencontre-t-il un état-major galopant au milieu des cadavres. Il se contente d'être partout, dans sa course folle, et de dire sur tout un mot qui parfois éclaire de la lueur fulgurante du vrai un coin de nos défaites.

L'esprit de M. Malot se prêtait merveilleusement à cette résurrection d'un vaste ensemble par l'exactitude des petits détails. C'est, je le répète, le système employé par Stendhal dans son récit de la bataille de Waterloo. L'armée est on ne sait où ; on se bat quelque part ; à l'horizon, le canon gronde. Et, sans nous mettre au milieu de la bataille, l'écrivain fait passer sur nous un vent de mort, l'effarement de la défaite, l'écroulement de tout un monde, la débandade du troupeau humain.

M. Malot, qui n'a rien de didactique, qui hait le genre descriptif, qui n'accepte que la vie, a eu des rencontres très heureuses. Rien n'est d'un sentiment plus vrai que la reculade du régiment de Louis d'Arondel, de la frontière à Metz, au milieu de marches et de contre-marches effarées. Ce garçon qui est venu pour se battre, qui entend toujours le canon à quelques lieues et qui n'aperçoit pas un seul Prussien, dans une fuite de cinquante lieues, en dit plus, en vingt pages, que tous les hommes compétents avec leurs explications stratégiques.

Je ne puis citer les épisodes ; chaque page des deux volumes en contient un nouveau. Le récit est mené grand train. Je n'indiquerai que la bataille de Sedan, où passe par moments un souffle de terreur épique ; mais ce qui m'a le plus frappé, ce sont certaines descriptions brèves, un seul mot parfois, qui ouvrent pour nos souvenirs des abîmes de tristesse et de haine. Rien, dans ce sens, n'est plus typique que le regard jeté par Louis d'Arondel sur Paris. Il veut forcer les lignes, il est arrivé après mille périls jusque sur une hauteur du bois de Meudon, et de là, dans la nuit noire, il cherche Paris, au loin, à sa place. Paris n'y est plus, Paris s'est anéanti, le Paris du siège dort dans l'ombre. Et le jeune soldat se croirait égaré, perdu au bord de quelque gouffre, si une lueur fauve, un éclair rouge parti du fort d'Issy, à ses pieds, ne lui disait qu'un Paris héroïque veillait là, à la place du Paris illuminé de l'empire. Rien de plus, et Louis d'Arondel, après cette vision des ténèbres, est forcé de regagner Tours. Cela est très grandiose dans sa simplicité.

Pour moi, M. Malot aurait fait une œuvre durable, avec un peu plus de parti pris littéraire. Tout n'a pas la valeur des pages que je viens d'indiquer. Parfois, le récit tombe dans le bavardage. Le romancier s'est trop pressé, et je crains bien que, comme tant d'autres, il n'ait que fourni des documents au lieu d'arrêter en traits précis et voulus la triste épopée de nos désastres.

ÉMILE ZOLA.

(*La Cloche*, 23 mai 1872.)

ÉMILE COLIN. — IMPRIMERIE DE LAGNY.

www.ingramcontent.com/pod-product-compliance
Lightning Source LLC
Chambersburg PA
CBHW060505170426
43199CB00011B/1336